明公啟示錄

解密禪宗心法

《六祖壇經》般若品之五

范明公——著

開卷語

一、此套心法，已於文字之中灌頂巨大加持之力量。

二、只須堅信不疑，恭敬讀誦即可獲無上力量之加持。

三、讀誦之時，身心有不同程度的感應實屬正常，乃感應
　　交道之現象。

四、信奉受持此書文字，即可獲得強大息災、轉運、祛病、
　　富貴、滿願之增上緣。

五、信奉受持此書，於現實中必有諸多神蹟示現。

第二十玄章

打破五蘊煩惱塵勞

用自真如性 以智慧觀照

第一節

照見五蘊皆空 度一切苦厄
轉無明為清明

　　前面兩冊內容，實際上都在解讀一句話，「摩訶般若波羅蜜，最尊最上最第一」。我們講解了十度波羅蜜，即是如何修摩訶般若波羅蜜，如何修菩薩行、得佛果。本冊繼續講解經文，【無住無往亦無來，三世諸佛從中出。】

　　無住即是當下，無往即是過去，無來即是未來。無住無往亦無來，即是過去、現在以及未來，亦即是所謂三世。「三世諸佛從中出」之三世諸佛，即是過去世、現在世、未來世，也就是指所有過去、現在、未來的佛，都是從摩訶般若波羅蜜中出來的。因此，般若波羅蜜亦稱為佛母，所有的佛僅是從般若波羅蜜中出，沒有其他地方可以出來，因此稱為佛母，最尊最上最第一，即是謂佛法中的不二法門、圓滿的大智慧。而我們正在學的就是摩訶般若波羅蜜，即廣大圓滿的大智慧到彼岸，這是最尊最上最第一的。

　　【當用大智慧，打破五蘊煩惱塵勞。如此修行，定成佛道，變三毒為戒定慧。】這一句話又是在反覆告訴我們，三世諸佛是如何修成佛道的。前書中講解十度的時候，其

實也是在反覆解讀這句話，意即一定要用大智慧、般若波羅蜜，也是唯一的智慧，才能打破五蘊煩惱塵勞。

現實中，我們這些凡夫、俗人為什麼不能覺悟？就是因為我們被五蘊所遮蓋，相信五蘊是實體、是真的，由五蘊引發了煩惱，由煩惱引發了塵勞。我們生生世世就執迷在五蘊的色身，以及受、想、行、識的感受當中，我們不知道這些都是空相、是虛妄，就以此為真，認賊作父，認假為真，如此就勾起了我們無盡的煩惱，而煩惱就引發了塵勞。所以，我們作為凡人生生世世，為了名，為了利，為了內五欲外六塵，為了身體和心理的感受，勞碌奔波不休，在六道輪迴中無盡的耗費著我們的命運，其實就是在惑中、塵勞之中、業報當中，不斷的沉淪、沉浮。所以，要想修行成佛道，即走上菩薩道，得佛果，首先就要破掉色、受、想、行、識之五蘊。

觀世音菩薩在《心經》中開篇即講說：「觀自在菩薩，行深般若波羅蜜多時，照見五蘊皆空，度一切苦厄。」行菩薩道就一定要從五蘊中修，但要如何打破五蘊？就是要照見五蘊，即觀照、真正的見識五蘊。五蘊中的色蘊即分為內色五根、外色六塵。內色五根指的是對內的五根，即眼、耳、鼻、舌、身，是我們身體裏五個所謂的根；外色六塵則是指色、聲、香、味、觸、法。色即是形，內色五根、

外色六塵都是由地、水、火、風四大和合而成。

　　如此說來，佛法之所謂萬事萬物都是由地、水、火、風四大和合而成，而我們祖先的文化所講的則是，萬事萬物皆由陰陽化生，陰陽轉化形成五行，即萬事萬物皆有五種特性，亦即是由五種不同的力所形成。佛法所講的四大和合而成其實也是四種力。那麼，萬事萬物最根本的本質到底是由四大和合而成，還是由五行的相互作用力形成的呢？其實並沒有矛盾，所謂五行即木火土金水的相互作用力，中間的土沒有獨立形成的因素，因此並不是獨立的，而是由木、火、風、水和合而成，才形成了土，形象的神獸就是用四不像的麒麟來代表，呈現的是四大的狀態。

　　土本身不是獨立的，而五行中真正獨立的四種力是木、火、金、水。其中，木對應四大中的地，水對應四大中的水，火對應四大中的火，金對應四大中的風。所以，其實佛法、道法、儒學，對宇宙自然萬物構成的說法，都能夠完全相合，祖先的智慧環環相扣，沒有矛盾。

　　五蘊當中的受，即是用內五根感受外六塵，這種對外六塵的感受被內五根所收攝，五根接觸後並不會發生什麼，而只是像個攝影機一樣負責搜集資訊，五根之後發送到五識來受，即是感受。根據外六塵，然後五根搜集資訊，在

心理上形成了感受，這種感受分為三種。

一種稱為苦受，比如別人踢了我一腳，罵了我一句，或者折磨我、蔑視我、奴役我，這就是所謂苦受，我感受到了痛苦。另一種稱為樂受，當我吃到美味的時候，當我非常自由自在的時候，當我身處美景之中的時候，身心愉悅，這就是所謂樂受。還有一種即是不苦不樂受，就是我呆著的時候，說苦也不苦，說樂也不樂，這亦稱為捨受。

而苦受、樂受、捨受，又勾引出了我們的想，亦即是思。我們有了苦受之後，會有脫離苦境的幻想；有了樂受之後，就想永遠都在其中，生起一種嚮往、不捨，這就是想。而想又引發了我們的思維活動，即是行。都是內在的思維活動，如何能夠脫離苦海呢？或者如何能夠保持喜樂的狀態呢？這美景太美了，我應該在這裏買一套房子，那樣我就能夠在這裏住下去欣賞美景，這就是思維的活動，即行。

識，就是推理、分析，然後做判斷、決策。此即謂受、想、行、識，都是心理上的活動，只要我們的五根吸取、攝取了外面六塵的資訊之後，都會引發內心迴圈的行動與作用。一旦攝取了外面的資訊，無論哪一方面的資訊，馬上就有苦受、樂受或者捨受，而受就引發了我們的構想，

構想引發了我們的思維，思維引發了我們的判斷，然後我們才會採取現實中的行動。因此，五蘊是一切內心活動的根源。

因為有了我的身體，有了身體的感受，我們以外境為真，有對外境的攝取及感受，引發整體的受、想、行、識心理活動，然後我們才造了各種業，即身口意來造業，造了善業、惡業、無記業。我們判斷的結果基本上都是以三毒為主，所謂判斷的結果，亦即是識的結果，不外乎有兩類，一類為貪嗔癡三毒，一類為戒定慧清淨。或者判斷出的結果使我越來越癡迷，或者引發了我的憤怒，或者引起了我的貪婪，然後就追逐功利，為了名聞利養，不斷的勞碌。所以，煩惱從哪兒來的呢？即是因為看不透。色蘊中內五根對應著外六塵，引發了我們的受想行識，而我們想得但得不到，然後生起煩惱。

想在美好的景色之中買一套房，但是房價太高得不到，這即是所謂求不得苦，如此苦就來了。怎麼辦？如何才能得到呢？我得去努力賺錢，想盡辦法賺錢，甚至不擇手段賺錢，這就是煩惱引發了塵勞，現實中我們就拼命努力工作，甚至不惜以身犯險，不擇手段，就是為了實現在這裏買一套別墅的想法，引發了塵勞、甚至災難，造了惡業。世上煩惱的根源都是從此而來的，五蘊引發煩惱，煩惱引

發塵勞，所以我們生生世世就在這個迴圈當中，不斷的造作，造善業、造惡業、造無記業。

一個凡人、一個迷失的人，為何成了迷人？因為看不透五蘊皆空。不懂這個理，就把五蘊當作真實，把色身當作真實，把外境的六塵當作真實，勾起貪嗔癡三毒，然後就在五蘊中起著各種身體和心理的變化，引發了煩惱與塵勞。當迷失的人、凡夫，看不透、悟不透、證不到五蘊皆空之理的時候，就會一直在煩惱塵勞中，煎熬著、迴圈著，亦即是輪迴著。因此，真正要修佛應如何修？就得照見五蘊，知其為空，知其為假，知其為虛妄，從此而修。

首先要斷我們的煩惱，如何能夠斷煩惱呢？如果我知道五蘊，即身心的感受都是假的，內五根和外六塵都是不存在的，都是虛影虛妄的，再悟到並證到此理的時候，就不會被內五根與外六塵所迷惑，煩惱即是迷惑。先從知見上破迷惑，明白這個理，悟到證到了理，煩惱就破了，一旦煩惱破了，思維構想就清淨了。其實，破的就是思惑。在思維思想上我們也是有惑的，知見上的迷，導致思想上的惑，才導致思維啟動時的執著，被陷進去、被拉走、被牽引，之後才有行，亦即是思維向著邪路、向著三毒啟動，然後得到判斷，做出了貪嗔癡三毒的決策，而行動就在身口意三方面開始造出惡業，這就是造業的根源。

如何破解？先用般若波羅蜜大智慧將五蘊看透，即所謂打破五蘊。照見即是打破，但我們用什麼照見？當我迷惑的時候，其實我的內心是一片黑暗，如何能夠照見黑暗中有什麼呢？只有用光明，當光明一經啟動，照到我的心房時，黑暗裏面任何的蟑螂、螞蟻、蜘蛛立時照見，剎那間就全都跑了，立刻徹底消失不見；而光明不在的時候，它們就在裏面繁衍生息，就在裏面裝妖作怪，給我們帶來種種的恐懼、種種的痛苦、種種的煎熬，只有光明照進來才立刻消散，此即謂照見五蘊皆空。而光明代表什麼？光明即代表般若波羅蜜，就是大智慧。我們首先要從知見上理解，從知見上轉，理上知道、知見上明確五蘊皆空，隨後光明照過來，就悟到五蘊皆空之理；不斷的照見，最後即證到五蘊皆空，此時一切的苦、一切煩惱、一切塵勞，皆得度，這就是度一切苦厄。

　　「色不異空，空不異色；色即是空，空即是色；受想行識，亦復如是。」從理到悟，最後到證，只有從這個角度打破五蘊煩惱。煩惱是隱蔽的，是我們內心發出來的，塵勞則是煩惱外顯的行為，塵勞造業，而煩惱造惑，迷惑引發思惑，由於我們內心有迷惑，就會有受想行識，於是做出貪嗔癡三毒的判斷，從而指導我們的身口意造惡，就執著、沉迷於貪嗔癡三毒，得不到戒定慧清淨，身口意就

在造業。僅有煩惱沒有行動，這還不能稱之為塵勞，所謂煩惱有了行動才是塵勞，煩惱有了行動所造的就是業。煩惱是心理活動，屬於惑的範疇，業是言行活動，才稱為塵勞。

此處一句話，其實已經把成佛最基本的理、知見點破，五蘊為假，五蘊皆空，從五蘊開始破知見，轉迷惑為清明。迷惑亦稱無明，轉無明為清明，轉塵勞為清淨，這就是斷煩惱，要從這兒開始斷。而後如何治三毒，如何轉三毒成戒定慧？就要修六度。因此，菩薩修六度，變三毒為戒定慧，如此就走上了修佛、成佛之路。前書已有講解，在此再強調一遍。

大智慧用在哪裏？大智慧的起修處又在哪裏？我們一再講解，其實佛法最終成就道果，對治的到底是什麼？佛法是出世間法，即是出世間的大智慧。佛法並非告訴我們，在世間如何更加幸福、更加有財富、更加富貴、更加受人尊重，那些都是世間法。而出世間法是針對世間的煩惱而來，破除煩惱而得清淨，這就是出世間法，成佛是常樂我淨、永斷煩惱。世間法能得到富貴、得到福祿壽、得到幸福，但是得不到清淨，世間法的富貴、福祿壽都帶著毒，帶著煩惱。修佛不排斥世間的福祿壽，不排斥世間的富貴，都不排斥，但我們要的是清淨狀態下沒有煩惱的富貴、福

祿壽，這才是真正的佛法，是出世間法。

「如此修行，定成佛道，變三毒為戒定慧。」要成佛道必從戒定慧上修，要對治的必是內心的貪嗔癡三毒，亦即墮落惡道的根源、煩惱的根源。從哪裏打破？就從對五蘊的知見、悟、證上面來破。

第二節

見性法無漏智善巧方便
道心堅固長時重修於念無念

【善知識！我此法門，從一般若生八萬四千智慧。何以故？為世人有八萬四千塵勞。】此處所講，「我此法門」是哪個法門？即是最尊最上最第一的禪宗見性法。修的是什麼？禪宗修的就是摩訶般若波羅蜜，唯一所修的即為此法門，不是念佛的法門，不是修密的法門，不是持咒的法門，不是苦行的法門，不是從理上明的唯識法門，其他法門都不是，此法門即是見性法，直接從摩訶般若波羅蜜大智慧來修。

此法門的特點是，「從一般若生八萬四千智慧」。從一般若，般若是一不是二，生出八萬四千智慧。一就是整體，一就是圓滿，一就是究竟的大智慧，一般若即是最圓滿的智慧，可以生出八萬四千智慧，這八萬四千智慧是有漏智。有漏智是從無漏智裏生出來的，無漏智即是般若大智慧，一切的法、一切的智慧、一切修行的方法，都是從一般若，最圓滿的智慧中生發出來的。這就有點像我們道家所講的，「道生一，一生二，二生三，三生萬物」，是

一個理。

所謂一般若生八萬四千智慧，本來是一，是不二法門，般若大智慧只有一個，這一個大智慧講清楚就行了，把如何修這個般若智慧講清楚就可以了，為何還要再生出來八萬四千種智慧呢？「何以故？」這不是畫蛇添足嗎？為何如此？其實是因為世人有八萬四千種塵勞，即剛才我們所講的這些外顯的行動。這些外顯行動的根，塵勞的前提即是煩惱，亦即我內心有八萬四千種煩惱，才顯化出凡夫在世間的八萬四千種塵勞。

在古印度、古西域沒有數字的概念，用八萬四千代表很多，就是指數量很多。佛經裏都是用八萬四千來代表很多、無數、數量眾多，比如《大悲咒》能治世間八萬四千種疾病，宇宙中有八萬四千佛國，都是八萬四千。《六祖壇經》中亦是，「為世人有八萬四千塵勞」，所以佛法當中、我此法門中就有八萬四千種對治，這即是所謂因人施教，隨緣教化。

這個法門並不局限於所謂的最高，就要按照最高的來修，而是得落地。所以我們前面講的十度，是八萬四千種智慧中十個最根本的智慧。八萬四千種智慧更細分下來，所有的智慧，都是從這十度分化出去的，即稱為根本智慧，

無盡無窮。佛法所謂善巧方便、隨機度化，不是只有一個修行的法門，不是只有一種修行的方法，最講究的就是因人而不同、因事而不同、善巧方便、隨機度化。

【若無塵勞，智慧常現，不離自性。】外顯之六塵呈現的是勞碌狀，即稱為塵勞。「若無塵勞」，如果沒有這些外顯的塵勞，亦即是內心並無煩惱，因為所有六塵所展現的勞碌狀、勞苦狀都是由內心的煩惱所引發。外面的塵勞止歇，證明內心的煩惱斷除了，這時候智慧就常常現前，即所謂「智慧常現」，常即是恆、永恆。「不離自性」，真如自性自然就會顯露，這不是修的，不是練的，而是真如自性就在這裏，圓滿的大智慧就在這裏，不是練出來的，把煩惱、把外顯的塵勞止歇住，智慧自然就會現前，真如自性就會顯露。

其實，修佛、修道，無論修什麼，天天勤學苦練的修，也沒有增加一分功德；再不修、再懶惰，也沒有減少一分。不外乎是把蓋在自己身上厚厚的烏雲化解、驅散，在做的僅是此事。智慧的大光明，真如的自性一直就在，從來沒有增加過，也沒有減少過，也沒有被污染過，一直就是那樣清清淨淨的；只是煩惱根深、業障深重，形成巨大的、厚厚的烏雲遮蓋了而已。所謂對治，不是要修出光明，不

是要修出般若大智慧，那是不需要修的，只需把頭上蓋著的煩惱塵勞形成的烏雲撥開、驅散即可。

然而，如何找到最有效的、最好的、最便捷的捷徑來撥開、驅散烏雲？就是從修六度、破五蘊開始，照見五蘊皆空，然後以六度破貪嗔癡三毒，變為戒定慧，才可做到五根吸收、攝取六塵後，心中形成的受想行識就會轉變。所謂變三毒為戒定慧，是在哪裏變？是在我的心裏變，即謂轉識成智。

所謂識，即由苦受、樂受、捨受，引發了想，又引發了思維活動，後面才引發了對事物的是非、冷暖、善惡、好壞的判斷，然後引發了身口意的造作，謂之塵勞。所謂轉，從何而轉三毒為戒定慧？在我們心裏從受開始轉，到我們的想、我們的思維活動，再到我們的識，最後轉識成智。我們的心就開始變化，煩惱就開始破除，在此將三毒斷掉，就變成了戒定慧，此時智慧現前，真如自性也會現前，即不離自性。

這段話其實還是在教我們如何修佛，如何走上成佛之路，如何行菩薩道。但是，具體的方法一定是按照十度，照見五蘊皆空，從知見上破迷惑，破思惑，一步一步的往上走。

【悟此法者，即是無念、無憶、無著。】注意此處講的是「悟此法者」，不是理解、明白、瞭解這個法。僅僅理解、明白、瞭解，還無法啟用，必須得悟到，才能啟用；證到了，才能達到那個境界。此句講述，悟到了此法，當下就達到無念、無憶、無著的狀態。無念之念是當下的心，無憶之憶是回憶過去，無著則是不執著於未來。要悟透這些，這個法門的真諦基本上就在於此，修行的具體的方法也都在此。透過老師講經說法，即使講明白，也僅僅是在理上解了、明白了、瞭解了，還遠遠不夠。

僅是信和解遠遠不夠，信不等於悟，悟不等於證。信老師所講之法，信《六祖壇經》，認為心法說的是對的，這只是第一步，是萬里長征第一步。由信而發願，發了正願之後，再踏上修行之路。信乃功德之母，沒有信，沒有願，就踏不上那條路，就無法行。而何為行？就是不斷的堅信，不斷的按正確的方法修，按大願的方向走，一步一步的走，即是由信到悟的過程，謂之行。還有從悟到證的過程，才能得到果位，才能功德圓滿。只是信不行，僅僅聽懂了不行。

有人說：「老師，我聽懂了，我就是上上根！我認為我理解了您說的，我就是上上根！」

其實你差得還太遠，僅僅是信了。然而，信的人太多了，聽經聽法，歡欣雀躍、法喜充滿的人太多了，僅僅是個信，且僅僅是初級的信，能做到堅定的信嗎？我們眾生都是愚癡堅固，愚和癡其實是我們的常態，我們凡夫都是愚癡現前，是愚癡常現，智慧不露。你是信，但是由於你堅固的愚和癡、癡迷，做不到真信、堅定的信，因此你的信即是初信、一時之信，或者稱為有條件的信、有前提的信。

有人感覺，「老師講解的經典都對！讓我當下就感受到法喜充滿。我信！」有人有感應了、立刻流淚了，「我信！」現實中解除了自己的迷惑，暫時離苦得樂了，「我信！」。

然而，一旦現實不改變或者越來越不順、不幸，我就不信了，就質疑了！想要那樣的結果，但學了幾年佛法以後，想要的結果仍沒有達到，就開始質疑，就開始不信了，這種信僅可稱作初信，即短暫的信，不一定是真信。我們在此所講的信願行，是真信、堅定的信、堅固的信，不管在任何狀態下，都是堅信。而且，在這種情況下發出真願，才能走上行，真正向悟的方向走，才能達到證的境界。

方法其實已經給了，就是從十度修，先修六度得般若

智慧。然而，說起來容易，修起來可不容易。

聽講經說法，感覺修六度很容易，「老師講了，布施、持戒、忍辱、精進、禪定，然後就得般若智慧。」

你真信嗎？真發出了菩薩願嗎？真的想走向、走到修行之路上嗎？為什麼要走這條路？最後要得到什麼？很多人都是迷茫的，信不是真信，願不是真願。在現實中，一旦碰到煩惱、一旦碰到不順、一旦碰到災難、一旦碰到意外，就開始質疑，開始動搖，如此就不是真信。一到那種時候，就勾起了你的愚癡，你就會很固執。

其實，不僅災難、磨難、不順能使你動搖，現實中猛然來了大福報，反而會讓你更加動搖，甚至退失了堅定修行的心。意思就是，當你萬事皆順，要財得財，要幸福得幸福，要五福得五福，要平安得平安，這更是一種破壞力量，反而會讓你更加退失道行、道心。福來了，反而不想修了，反而想要的只是享受。所謂貪，對於生理上的刺激、享受、名聞利養，得到以後，激起貪心。貪欲之毒由於福報反而被勾起來，於是深深的迷失在裏面，這樣的人非常多。

為何天人無法修行？因為天人沒有任何煩惱，沒有任何痛苦，沒有任何磨難，所以沒法修。忽然間發財，得到

財富了，天天想的就是如何享受，如何享樂，從此退失道行，歷史上有很多諸如此類的實例。真正的修行路上，我們有幾重巨大考驗，一重是磨難，有時磨難會使我們退縮，但有時磨難反而激起我們的鬥志；還有一重大考驗，即是福報現前。絕大多數人能經受住磨難，但是在福報面前反而敗下陣來，想求世間的功名利祿，一旦得到了，就忙於功名利祿，退失了道心，覺得要到了、得到了，就捨不下了，現在的現實生活中這種人更多。

我們要走上修行這條路，一定要警惕，步步都是陷阱。在磨難、不順、求不得的狀態之下，能夠堅定意志，堅定道心不退轉、不質疑；前行路上都是鮮花、美女、都是福的時候，也不會陷入溫柔鄉中不思前行、離不開。這是我們修行路上的兩大關，會反反覆覆的出現，第一關磨難之關好過，第二關溫柔鄉卻不好離。能否做到信心堅固、道心堅固？其實很難。為什麼修行路上過不了這幾關，為什麼信心無法堅固、道心無法堅固呢？就是因為還沒修到悟的境界，更談不到證的境界了，僅僅是在理上解，信則無法真信、無法堅定，堅定的反而是愚和癡。尤其是剛開始修行，眾生秉性堅固，貪嗔癡慢疑五毒之秉性堅固，如何能破？只能透過一門深入，長時熏修，在理上、知見上不斷的解，在行上以六度不斷的行，那也需要長時間的熏修，

才能一點一點的把貪嗔癡慢疑的慣性化解、消散和破除。

　　有人問：「老師，頓教法門不是一瞬間就能悟到十地菩薩嗎？」這是所謂的理，雖然是這個理，但你做不到。已經是千年積累的冰層，你有多大的力量，能夠一下把千年所積之厚冰打碎，直接看到裏面的水？只有透過每天一點一點的修、一點一點的磨，今天鑿破一個口，明天鑿深一釐米，後天再鑿一毫米，碰到冰層堅硬的時候，可能多少天都沒有進展，但是只要堅持不懈的鑿，總有一天能把冰鑿透，此即長時熏修。首先得一門深入，就對著一個口鑿，不能東鑿一個口、西鑿一個口，如此永無出期，永遠修不成。今天修這個法門拜一位師父，不到一年又去拜另外一位師父，入別的法門，這樣就是在無盡廣闊的冰面上，生生世世的鑿，永遠都鑿不開、鑿不透。所以一門深入、長時熏修，在一個口上不斷的鑿、不斷的鑿，早晚有一天能夠鑿透。

　　這個境即是，開始鑿的時候，就是理上解，在知見上一點一點的改變，當知見變到一定程度以後，其實所謂悟，即是在現實中能看到已經鑿出一個深坑，就在那裏了，已經到此狀態就回不到原來沒鑿的狀態，如此就已經到悟的境界了。何為證？鑿通了，即是證。

所以，無數的小悟，集合成一個大悟，無數的大悟最後合成證悟。這也是在兩方面修行，一方面就是知見上不斷深入的解，由解而生信；另一方面，信而後生願，不斷的行六度波羅蜜，就是這個方法。這個過程即是打破五蘊，照見五蘊皆空的過程，有一天真正空了，就證到了，度一切苦厄，那時就沒有煩惱了，就是這個理。

　　悟此法者才能做到無念、無憶、無著，過去、未來、現在三世，打破煩惱塵勞。天天回憶過往，回憶放不下，所以要無憶；天天展望未來，應該如何賺錢，如何得到幸福，應該買大房子，還應該……這即是執著於未來，所以要無著；心安不在當下，所以要無念。聽法時，當下的心不知跑到哪兒去了，忽而想到未來、忽而又在過去，就是放不到當下；而放在當下了，又執著於當下、沉迷於當下，也不行。把心放在當下，還得做到於念無念，念字即是當下的心，把心放在當下，還不能執著於當下，這才是真正的無念，並不是當下沒有念，而是不執著於當下的念、當下的心。

　　如何做到？必須要達到悟境，心就清淨了。清淨心的表現即是無憶、無著、無念，此時你就能保證智慧常現，不離真如自性。聽老師講法，句句都能解其深意，都能悟

其意境，悟到背後的理。只有在這種狀態下，聽經聽法才是正路，否則根本聽不見，老師講得再精彩透徹，你的心要嘛在過去，要嘛在未來，要嘛執著於當下，其實都是障道之根源。

你只是以為聽見了，以為聽明白了，其實根本就聽不見、聽不明白。為什麼？因為境界還沒有達到悟境，還只是處於初道果，即凡夫境界，根本沒有感悟。句句經典打不透你這顆心，烏雲還是那麼厚，一點都沒有消減、消散，無論烏雲之上的光明多麼強烈也透不過烏雲，你還是在自己的心念中，在自己的黑箱裏，執著著、迷戀著、不捨著。你的黑箱中不斷向外發出黑煙、黑氣，那都是你的煩惱，被黑煙、黑氣的層層煩惱厚厚的包裹著，一句經典都聽不見。這怎麼辦？就得反覆的聽，反反覆覆的聽，不要以為自己聽明白了，不要以為自己很聰明，一次就聽明白、聽懂了，那是不可能的，甚至你根本一句都聽不見。

所以就得反反覆覆的熏修，這顆心得放在道心上，把大多數時間從現實中，從現實的事物、遐想、回憶中拉回來，拉到道心堅固之上。意思就是，盡量讓自己的心安於當下，又不執著於當下，即所謂於念無念。這就是平時的修行，不一定必須要打坐才能修行。

第三節

身口意戒定慧
行六度破三毒
五蘊空煩惱斷

我們平時與人在一起時，盡量少說過去發生了什麼，盡量少談以後將會有什麼，盡量把心安於當下。現實中話太多，其實是遮蔽恐懼、逃避內心的一種狀態。

有的人在現實中滔滔不絕，停不下來，身邊不能沒有人，有人就必須得說，必須得熱鬧，很晚都不睡覺。因為怕孤獨，一旦靜下來，內心當中的黑、內心當中的煙霧、內心當中那些蟑螂、老鼠等等就會出來，所以害怕，就不停的說、不斷的說。所說的或是不斷的回憶過去，或是不斷的展望未來。這就不是修行，而是不斷的被我們的貪嗔癡慢疑所牽引，這種狀態就不能稱之為悟。

一個悟字裏面包含很多，達到悟的境界，就能稍得清淨心，就能感受到智慧常現的狀態。首先從控制住自己的嘴開始，嘴造的是口業。所謂身口意，控制住自己的身體，不要被它所牽引，不要為身體無窮無盡的享受，或者生理上的刺激所執迷。如果為色身執迷，就落入貪境、貪欲，

被貪毒所侵蝕。要注意你的口，控制好你的口，話不在多，不要滔滔不絕。

要控制，即是所謂的戒，意思即是別過。既不是讓大家惜字如金，也不要現實中不停的說，卻不知道自己在說什麼。天天口說不停，這都是在造業。何謂造業？即天天回憶過去、展望未來，過去的東西放不下，未來的東西不斷的妄想。要嘛執著，要嘛妄想，就是在造業。所以要戒，用戒定慧克三毒。

所謂口業、身業、意業。守住我們的口德，憤怒的時候不說人是非，不造口業。不說人是非，不說憤怒的語言，把心安於當下口即在當下，心安下來口就不言了，口若要言，則都是正念、正言、正語。何謂正？不偏不倚謂之正。不天天執著於過去，不妄想未來，而是安於當下，控制好自己的口，此即謂口之德。

口戒好是口之德，身戒好稱為身之德，然後把意念、意識控制好。不說話，身子也不動，都戒住了，但是我的意念、意想紛飛，心猿意馬，那也不行，也是煩惱的根源，也要控制，也是一種戒。由戒得定，定而生慧，生慧即是智慧常現，不離自性，這才是真正的修行。

知道五蘊皆空之理，控制住身口意，修好戒。戒並不

是指吃素、禁欲，那是粗戒，不能完全執著於粗戒。無念、無憶、無著，修的是這個，修到一定程度，悟境就現前了。這是需要長期熏修的，就是從六度開始修，在身口意上行，如此配合起來，才能從對理的解、粗淺的修行，走到悟的境界，長期不斷的積累小悟，然後才能達到大悟，最後才能達到徹悟、即證的境界，那時人就開始變了。

每一個人在現實中都在按照自己的慣性做事，這種慣性非常的堅固，太難改變了。那麼如何才能開始改變自己的軌跡呢？必須硬性的從身口意開始守住十度，或者先守住前六度，那是需要力量、需要堅忍、需要堅信、需要有大願的。我們可以試一試，那其實不容易。

能否戒住自己的身體？身體其實有很多妄行，有很多妄為，首先能觀察身體是否是正行、正為，先不要說無為、無行，僅是先把自己的身體戒住，戒妄行、戒妄動。有的人身體不自覺就有各種不協調的作為戒不了，比如看見美食，胃就開始動，開始產生欲望，很難戒。是否能從身體上戒住？雖然要戒住，但不是一定要禁欲，並不是一定要吃齋。但為什麼還要禁欲、吃齋呢？因為食和色是身體最難控制的，我們的身體就奔著食色而去。所謂修行，即是修我們的慣性、秉性，轉我們的慣性、秉性。

我們的業都是由身口意造出來的，真正要修行，首先要止惡業。如何止惡業？即要透過對身體的戒、對口的戒、對意上的戒，止我們的惡業，轉我們生生世世以來形成的慣性、習性。有的人學了很多年，一點變化都沒有，不知戒，看見美食還是貪心大起，看見美色就淫心大動，口無遮攔沒有口德，修了很多年依然張口即是非，開口就是誰不好、就是恨，只圖一時痛快，不積口德。不知戒，還天天要修般若波羅蜜，要修圓滿大智慧，要到彼岸，口念心不行。

　　前面講解的六度與十度，都是告訴我們如何行，而不是口上念，「我是修行人，我要修成圓滿大智慧，圓滿的智慧是……我得放下……」口說這些都沒有用。開口即論人非，開口即是憤怒，口德都守不住；身則更甚，每天只是服務於身體的享樂、生理的刺激；身造惡業、口造惡業，而意在我們一停下來時，要嘛在回憶過去，要嘛在妄想未來。並不是想壞事就是造惡業，天天回憶過去，天天展望未來，天天執著和妄想就是在造業，一時一刻都清淨不下來。身口意都不斷的在造業，生生世世都被貪嗔癡三毒所勾引、牽引，然後越來越迷惑、思惑。

　　所以，僅是學多少佛、學多少理，其實沒有用，打不

透內心就聽不懂、聽不見。聽多了以後就成了佛油子、禪油子，開口即是禪，天天給別人講經說法，說起理來頭頭是道，自己在身口意上卻不行，天天給別人講六度，自己從來不做，還覺得自己已經做得很不錯了，其實還是在自己的慣性當中，不斷的在走凡夫之道，不斷的在六道中墮落，此即謂口念心不行。真正能在心上行，真正能夠聽了理之後，馬上在現實中從身口意開始修戒定慧的人，太少了！這樣的人才是上上根，即上士聞道立即勤而時習之，不是在嘴上時習，不是在口上背下來，就去給別人講經說法。

所有的經典上所記載的，不是給別人講的，而是自己做到了，發出的聲音都是智慧音，根本不需要去背經典，是讓我們按照經典去行，行到一定程度以後，達到悟的狀態，開口即是智慧，智慧就常現前，真如自性就會流露。具體從何處修？就是從身口意上，從六度波羅蜜起修，身口意行戒定慧破三毒，然後不斷的在現實中真正的行六度，而不只是說。

般若品我們用了這麼大的篇幅來講，就是因為太重要了。重要到什麼程度？佛祖講經說法四十九年，其中用了二十二年，專門講般若，可見多麼的重要。即佛祖在世時，

用了差不多一半的時間講般若，所以般若品在《六祖壇經》裏是最重要的一品。般若到底是什麼？如何得般若，到底怎麼修？般若的作用是什麼、意義是什麼？都太重要了。

看到這裏，大家就知道自己應該從哪裏起修了，即是從身口意起修，戒貪嗔癡，得戒定慧，然後修六度得般若大智慧，即從現實中開始起修。不存在是否打坐的問題，不存在上坐下坐的問題，不存在入定出定的問題，從身口意上打破自己生生世世以來形成的慣性與習性，從此開始。

我們已經成為慣性，有習性了，已經形成秉性，完全變成一種自動思維的模式，都不需要動腦筋、不需要意識，不自覺的身體就做，開口直接就說，意就已經開始馳騁了。這都是生生世世以來的慣性，如何打破？

所以真正的起修處就是從身口意開始，反觀自我，觀照自己的身體反應，觀照享樂時身體的感受，意識如何配合身體的感受，觀照自己的言談，開口說的是什麼，是否開口即論人非，是否開口就是衝突，是否開口即是放不下的回憶、或對未來的妄想。自己能不能做到不去回憶，少說以前的事，不去想也不去說以後的事，實際上就是把心制住、制在當下。把口控制住，念就控制住，然後才能控制自己的意識。

不想過去、不回憶，口就說不出來了；不展望未來，口也就說不出來了。所以，身口意是連環的，相互控制的，一個都別放縱。要反觀、觀照，觀照自己的念頭，如果在回憶過去，馬上拉回來，無憶；如果在想像未來，馬上拉回來，無著，即不會執著在那兒；如果在想當下的事，可以想當下，但不執著在當下，所謂於念無念，並非當下止念，過去要止，未來要止，當下不要止，心體無滯的意思是念頭不息，但要讓念頭從虛妄的過去和未來拉回到當下，當下的念頭可以不息，不要去止，來就來了，過就過了，來了則應，過了就不留，也不要執著、沉迷於當下，就是要於念無念，此即所謂的無念。

　　無念、無憶、無著，這就是悟的境界。從身口意上開始修，反觀自己，控制即是戒，戒住我們的意，戒住我們的口，戒住我們的身。口有口德，意有意德，身有身德，轉惡業為德，轉惡為善即是積德。

　　如此一步一步的修，在現實中守六度，布施、持戒、忍辱、精進、禪定，然後才能得到般若波羅蜜，才真正能夠得到大智慧。大智慧不是修來的，大智慧是戒我們身口意所造的惡業，身口意一造惡業，內心中就會生發、彌漫出黑煙黑氣，飄散到空中，形成厚厚的烏雲，遮蔽智慧之

光。我們現在先不要求驅散烏雲，而是先制住身口意，不要再散發惡業的黑煙黑氣，先讓本體、色身開始清淨，從身口意開始清淨，如此逐漸戒體清淨，一點一點就破了生生世世所造的三惡業，即是那厚厚的烏雲、壓頂的黑雲。

巨大壓頂的烏雲，遮住智慧之光的黑雲，就是從身口意發出去的。如何將其消散，如何化解？還是得透過身口意，把發出去的黑煙黑氣所形成的烏雲收回來，只有修身口意才能化解。化解的方法就是轉，不要再順著身口意往前走，從當下開始戒住，反觀自己的意念，不造惡業，形成正念，即轉雜念、污念為正念；端莊身體，不造惡業；留意自己的口，不造口業，積口德，這就是破三毒最好的修行方法，修身口意，就是戒的含義。後面所謂修六度，布施、持戒、忍辱都是從身口意開始一步一步的修，如此遮蓋的烏雲就會層層化解，之後智慧的光明就會偶爾顯露。

再往後達到「一」的境界時，就與光明同體，就會大放光明照耀著你、照耀著整個世界，你就能了了分明，就能感受到何謂直心是道場。此時就達到了悟的境界，悟即是找回本心，見到光明，明心見性。悟字右邊是吾、左邊是心，即找回本心，撥開重重的烏雲，見到了自性的光明，這時就會智慧常現，但是還沒達到證的境界。到了證的境

界，其實你就是光明，光明就是你的本體，到那時你就成佛作祖了，即成就道果。

先找回本心見到光明，光明驅散黑暗，不僅驅散外六塵、外境的黑暗，還要驅散體內的黑暗，讓光明普照大地，感受到那種溫暖，智慧常現，先達到悟的境界。否則現在的你就是一個黑箱，天天身口意還是在造著惡業，越來越黑，距離光明越來越遠，雖然天天聽佛法天天聽經，天天都覺得學到了新東西，其實身口意一點都沒變，此即謂口念心不行，永遠都得不到般若大智慧。

在這一段中，六祖惠能還是不斷的強調，我們應該如何修，從哪裏開始起修。【不起誑妄，用自真如性，以智慧觀照，於一切法不取不捨，即是見性成佛道。】這句話與前面所講的一樣。不起誑妄，哪裏不起誑妄？即是身口意不起誑妄。用自真如性，用而不用，只要誑妄止歇，不執著不妄想，念在當下，又於念離念，自性自然就流露。以智慧觀照身口意，觀照即反觀自照，心要從外塵收回來觀照身口意，於一切法不取不捨，既不執著，又不排斥。然而首先要知道不執著什麼、不排斥什麼，比如現在正在回憶過去，是不是要不取不捨，只是一味的回憶？那就錯了，那樣就是隨波逐流，還是憑著慣性。

我們的慣性就是要嘛在回憶過去放不下，要嘛在妄想未來。我們要從這個狀態下把自己拉回來，這樣都不是正念，都是我們煩惱的根源，但我們還覺得是真。過去的事情發生了，已經過去了，我們還覺得是真，所以我們放不下；未來的事情還沒有來，之所以焦慮，就是因為我們覺得都是真的。考不上大學怎麼辦？找不著好工作怎麼辦？嫁不到好老公怎麼辦？生不出好孩子怎麼辦？天天都在擔心，天天都在焦慮，還以為那都是真，所以放不下。煩惱就從此而來，要嘛執著於過去放不下，要嘛就妄想未來，就是不能把心安在當下。

　　何謂不取不捨？對什麼不取不捨？對於過去、現在以及未來，我們是對當下的念要做到不取不捨，而不是放縱自己可以想像未來、可以回憶過去，該戒時要戒住，「即是見性成佛道」，這是一個具體的修行方法，此處就是在教我們。

　　有人疑問：「老師，這不就是有為法了嗎？」是的。有形有為，即所謂八萬四千種智慧，針對八萬四千種塵勞，知道是如何生起的，由何而生，然後有方法對治，這當然是有為。塵勞是有為，對治方法當然也是有為，不能用無為法對治有為法，無為無形無相是本體，本體無法啟

用，不能天天只談本體，現實中有為有形有相的塵勞和煩惱，也得有一一對應的對治。而對治的方法是從哪裏發出來的？是從本體發出來的，能啟用的，即稱為「用自真如性」，用即了了分明，用便知曉一切。而談到用，一定是用有形有相有為的方法，而有為的方法就是從無形無相的本體發出來的，也就是從般若大智慧發出來的，即是「一般若生八萬四千智慧」。

所以並不矛盾，一是體一是用，一個是燈一個是光，一個是花一個是花香，根本不矛盾。這一段的意思，其實就是如何從身口意，破三毒，修戒定慧，最後照見五蘊皆空，目標是度一切苦厄，亦即是沒有煩惱。

第二十四章

欲入甚深法界及般若三昧
須修般若行

第一節

實相建萬法 虛妄能改變
法界在人間 禪定有境界

【善知識！若欲入甚深法界及般若三昧者，須修般若行。】六祖惠能在此還是強調般若行。如何真正行般若？除了前書中講解的十度，還要如何行才能達到般若大智慧的境界？即還要做什麼？佛開八萬四千法門，都是由一般若而生。生出八萬四千法門都是為了什麼呢？其實都是為了針對不同種類的眾生，為了使眾生皆能得到一般若。

這些法門、修行的方法都是由般若智慧而生，生出這麼多方法，針對各種不同的人，分門別類教給他們各種不同的方法，這就叫做對治法，也稱善巧方便法。對這些法的修習，其目的還是為了讓眾生能夠回歸，能夠得道，能夠進入正道、般若的境界，所以稱之為般若行，有八萬四千種方法，善巧方便法，無窮、無量、無盡。十度尤其是前六度，是修心修本體之法，其實還有非常多的助行，還有非常多的境界，包括理。對宇宙自然一切萬法，我們要知其本質，知其本性，要知道所謂的真相，亦即所謂真實相，知道萬法都是從此而出。

我們不能把一棟建築物建立在一片虛無的土地上，土地不實不行。所以所有的修行以及佛法，聽似簡單，看似簡單，其實不然，針對宇宙的萬有、宇宙的真相、宇宙發展的規律之中，什麼是真、什麼是假，什麼是虛、什麼是實，我們必須分清楚。所有的般若以及由般若生出的八萬四千種智慧，包括善巧方便的方法，都要在實相上建立起來，不能在虛相上、虛的影子上、妄想妄念上建立大廈，那是不可以的。所以，我們要瞭解更多的宇宙真相以及發展規律。

此處所講的，「若欲入甚深法界及般若三昧者」中有基本概念。何謂法界？甚深法界又是什麼？我們要清楚這些基本概念。我在講解《六祖壇經》時，如果碰到一些專有名詞，會把這些名詞逐一做講解，讓大家有個大概的瞭解，而這些名詞都是佛法中最基本的術語和概念，學佛之人都應該盡早知道這些基本概念。

在此大概講解一下，法界有兩種分法，第一種分法，即如華嚴宗將法界分為四法界，即四種法界。首先何謂法？何謂界？一切由心生出的萬法，即是萬有；而界即分別與界限。華嚴宗把法界分為四種，其一事法界，其二理法界，其三理事無礙法界，其四事事無礙法界。這四種法界分別

代表的含義又是什麼呢？

　　首先，所謂事法界。何謂事？一切眾生由心生出萬法，形成各種各樣的色相，這謂之事。界是分別、差別，亦即界限。意思就是，世間萬物各有其特性，各不相同，山有山的特性，水有水的特性，日月星辰各有特性，每一個人也都有特性，天下沒有完全一樣的兩片葉子，即謂萬法色相皆有個性、有差別，這就是事法界。一切有生、有滅、有差別的事物現象，不僅是在物質世界，在精神世界裏也是一樣各有差別，即稱為現象世界，現就是指現實物質世界，象是指精神領域。既包含物質世界中的一切萬有，形形色色，又包含精神領域中的萬有，也是形形色色，各有特色，都統攝於事法界之中。因此對事法界的理解，不能僅僅局限於物質世界的萬有，同時還包括精神世界形形色色、各有特性的萬有。

　　理法界，雖然事、現象，即現實世界、物質世界，以及精神領域的萬有，各有特色，色相不同、相有差別，但是體性唯一，同於一理，所以稱為理法界。在事上有差別，在理上沒有差別；在相上有差別、形上有差別，各有特色，但是本質、本體、實相上沒有差別，都是一個本體、一個本質、一個實相，此即謂同於一理，即是理法界。無差無

別的宇宙真理，同時也稱為真如佛性、法性、實相、真相。就如同大海的海水是由無數水滴構成的，當把每一滴水都拿起來，相互獨立的時候，每一滴水都有其特性、都有差異、不同，但同時每一滴水又都有大海的統一的性質，這就是所謂本體、本性唯一，稱為理法界。

理事無礙法界的含義則是，任何宇宙萬有當中，雖然有形形色色的不同存在，但是同時在每一個色相、每一個物體裏又都有其同一性，即理和事不能分開，理中有事，事中有理，亦即是色中有本體，本體貫穿一切萬有色相，如此即稱為理事無礙。在現實世界以及精神領域中，沒有任何一物不通其理，所有皆同一於自真如性、佛性、實相性，貫穿於所有宇宙萬有之中，即謂理事無礙法界。

最後一種即事事無礙法界，這是從另一個層面來講，宇宙萬有當中一切色相，看似形形色色，各有不同，但是真的不同嗎？真的有差別嗎？差別、變化，都是我看到的、我以為的。我看到的會不會是幻象？差別是不是因我的分別心而起？因為我有分別心，所以當我看到宇宙萬有的形形色色時，就認為是有不同。其實宇宙萬有源於一處，皆從本體而出，一切相皆是虛妄，這就是共性。理和事是圓融的，看似有差，看似有別，其實僅僅是幻象，不以為真。

所以我們修佛首先要修空性，要觀空，就是要把這種差異、分別，觀為一致，由此看到本體，發現真如實性，此即謂事事無礙法界。

如果我們看到宇宙萬有實無分別，就可以達到隨心所欲、事事圓融、循環往復、無窮無盡的境界。因為萬有皆虛妄，所以我能改變，萬有不是本體，僅僅是本體投射出來的影子。我知道何為本體，知道如何找到真如、真我，知道如何調整真如、真我，萬有就能變化。而尋找、調整真如、真我，就是我們修禪一直所講的識自本心，先找到心，再掌握心運行的規律，然後就可做到為我所用。這是改變命運唯一的圓滿法、究竟法，就是般若行。

千經萬律，所有的佛說經典，都是在教化我們，教我們方法找到真如實性、瞭解真我之規律，然後如何運用、調整，藉此改變我生命的形態、生命的狀態，使一段煩惱得解脫，破生死，破一切現實萬有的假象。因為是假象、幻象、是虛的、妄想出來的，所以我能改變它，這就是一切佛法的根據所在。

在佛教的術語中，除了華嚴宗的四法界，還有一種稱為十法界，把眾生分成十種界。法即是生命狀態，把有情眾生分成十種界，即為四聖六凡十法界。六凡我們都知道，

凡夫界即是六道輪迴，就是指地獄界、餓鬼界、畜生界，阿修羅界、人界、天界，六道輪迴。六道中兩善道和四惡道，其中天界是善道、人界是善道，四惡道為阿修羅界、畜生界、餓鬼界、地獄界，這就是眾生的六種生命狀態。

這六種生命狀態混在一起，界限不是那麼分明，眾生隨著心性的變化，忽而深陷地獄，承受烈火煎熬、酷刑痛苦；忽而到了天界，開心幸福、享受福報；忽而到了人界苦樂參半；忽而到了修羅界，瞋恨心一起、怨念一生，就變成了修羅，衝突、暴力、打鬥、殺戮、非理性。修羅有力量，但是其力量發自於嫉妒、恨、怨、瞋恨心、非理性、失控，這是謂修羅。並非我們在天道，就一直在天道，也不是在人道，我們就一直是人。

六道到底在哪裏？六道其實就在人中。不是死後變成餓鬼，變成地獄眾生，或者變成畜生，而是活著的時候，隨著我們心性的轉變，就在這六道中不斷的迴圈。時而是天人開心雀躍，時而是地獄眾生煎熬痛苦，晚上睡不著覺、失眠，愛我的人不愛我、拋棄我了，前一天還相互恩愛、在一起上天堂，因為一句話一件事，突然發現原來他不愛我，頃刻墜入地獄，痛苦、煎熬、失眠、抑鬱，相愛相殺。一念一轉，由愛生恨，想各種辦法報復，就成了修羅狀，

47

即開始用盡辦法發生衝突，形成暴力，就變成了修羅。

六道不離世間，並沒有一個像人間監獄一樣的地方，關押犯錯的人或重惡之人，永無出期，宇宙之中也沒有一個這樣的地方。天堂、地獄、人間都在人的心裏，隨著感受而變化，開心雀躍、輕安之時就在天堂上，哪怕身在貧民窟，在世界上最破、最窮的地方，其實內心感受到輕安，內心感受到開心愉悅、感受到幸福，那就是在天堂。與外界的環境其實沒有關係，內心起衝突，即變成修羅，內心一有痛苦、煩惱，即落入人間的地獄。所謂十法界，不離人間、不離世間，而上述即謂六凡法界。

如果能走上正確的修行之路，就可以向上昇華，最後到達四聖境，亦即是四聖法界。最下界稱為聲聞界，往上一層稱為緣覺界，再往上稱為菩薩界，最上即是佛界，如此稱為四聖界。其中，聲聞界和緣覺界，修小乘得阿羅漢果，隨阿羅漢的果位不同，分成聲聞界與緣覺界；往上發出利他之大願，行菩薩道，就能修至菩薩界，菩薩界再繼續修，最後達到圓滿究竟的佛界。

綜合起來，佛法中把人的生命形態分為十種，稱為十法界。我們都要清楚，這也是修行的階梯，我們得知道修行目標，知道自己現在處於什麼界，往上修有什麼界，最

高的目標是什麼界。佛法為我們列出了十法界，就是眾生的十種生命狀態，這十種生命狀態與我們的形沒有關係，完全是我們心裏的感受。

眾生皆處於六道輪迴之中，循環往復，永無出期。為什麼？因為還沒有開始真正的修行。我們必須得知道這些理，知道這些境界，然後我們發願，再行菩薩行。有菩薩願即是菩薩行，如果發的是聲聞願就是聲聞行，緣覺願就是緣覺行，後面發什麼願走什麼路，決定著最終修得的果位，即是道果不同。

聲聞界、緣覺界都是發自利之願，即為了修自己。當我修得已經放下分別，心無雜亂，沒有煩惱，就修成阿羅漢了。阿羅漢也能利他，即所謂隨緣度化，遇到有緣分的就幫一把；遇不到、沒有緣分，就不理，我只修我自己，保證自己如如不動，保證自己處於禪定的狀態，如此即稱為阿羅漢。

但要升至菩薩界，就不能僅是自利，而是要利他，發願度化眾生。那就不是隨緣度化，所謂「無緣大慈，同體大悲」，有沒有緣都要發心去度化，所以發心很重要，如此能到菩薩界。而佛界就是圓滿了，度盡一切眾生，即是圓滿。

其實，法界從另一個角度來講，還可以分成三界，即欲界、色界、無色界。三界即相當於構成世間三有，有情眾生都在三界之中。三界中皆為煩惱形成的各種因緣，相互之間的糾纏都脫離不了，所以形成生死輪迴的關係，即謂之三界。三界以外沒有眾生，所有的眾生都在這三界內循環往復、上下輪迴。

比如，六道都處於欲界之中，根據心性、心態的變化，禪定達到何種狀態，生命體就處於何種狀態，如果沒有禪定的功夫，那就是處在欲界，永無出期。如何進入色界呢？欲界的眾生開始修習禪定，根據禪定的層次、程度，決定是處於色界還是能達到無色界。三界中越往下，分別心越重越是煩惱根深、業障深重；越往上則越輕安、越喜悅、越常樂，完全都是禪定功夫，在心裏所起的變化，決定我們現實中生命形態的不同，但還都是人。

禪定功夫修得再厲害、層次再高，哪怕修到了無色界的最頂處，所謂「非想非非想處天」，也稱「非想非非想處定」，這是無色界最高處，即三界最高處，看上去依然還是人，人形並沒有變，但是整個生命狀態已經完全不同了。修行就是修生命的狀態，所謂破三界，不是忽然徹底出去了，而是還在三界中，但是不受三界的規則束縛，大

自在。

　　我們出不去三界，一旦出了三界，沒有有情眾生，佛法也沒有，一片真空。三界就像一個罩子，把我們都罩在裏面，所有有情眾生只能在三界內活動，只是高一點或低一點而已，越往上越光明、越清淨，越往下越渾濁、越黑暗、越痛苦。而菩薩的境界是，三界之內上下自在，想去哪兒就去哪兒。即使到了最底層的地獄界，也沒有痛苦；到了最上層的非想非非想處天，也沒有快樂、沒有喜悅，這就是禪定的功夫。

第二節

甚深法界事理圓融同體無二
禪宗正定中道實相心一境性

　　三界、十界、以及四界，這就是我們宇宙世界的結構。法界我們清楚了，然後再講「欲入甚深法界」。何謂甚深法界？所謂欲界就不是甚深法界，我們都在這兒，念一起，欲望一來，我們就被欲望所牽引。內五欲外六塵，心要嘛就被內五欲貪、嗔、癡、慢、疑所牽引，將我們拉向黑暗、拉向地獄、拉向煎熬和酷刑；要嘛就為外六塵所執著，心隨外六塵而動，忽喜、忽怒、忽悲，欲界不用修，是被牽引著，這是最淺的界。

　　欲界之中要想修到兩善界，人間或天堂，即人界或天界。要積的是福報與功德，就能升到天界。然而，其實積福報與功德本身，也是在欲中，就是為了輕安、為了清淨、為了開心、為了舒服，控制自己的行為、意念、身口意三業，為了更開心而來的，也是一種欲望的牽引。只是此謂善欲，沒起惡心，沒造惡念，也即沒做惡事，僅在因果輪迴的規律內，來回被牽引著。

　　甚深法界，指的就是三界中的色界及無色界，在十界

裏指的就是四聖界，即聲聞界、緣覺界、菩薩界、佛界，而佛界是最深的甚深法界。對於四法界，僅知事法界就沒有理法界深，而理法界又沒有理事無礙法界深，最深的則是事事無礙法界，當看到事理圓融、同體無二時，即是所謂甚深法界。此時更加能夠看到宇宙的真相，更加知道宇宙的本質及本體，也就更知道怎麼做了。

現實中的物理學家研究客觀世界，初期以牛頓為代表的經典物理學，研究的是宏觀事物的運行規律，帶動了整個人類科技的發展，後來的物理學家研究微觀世界，而且越研究越微觀，就相當於越研究越深，當突破分子結構，達到原子結構，再往深處去研究的時候，發現整個世界規律變了，微觀世界物質的運行規律，不同於宏觀世界，即與分子結構以上世界的物質運行規律完全不同，甚至是完全顛覆相反的，這就進入到了深法界，但現在還達不到甚深法界。

只有佛法能夠達到甚深法界，「觀自在菩薩，行深般若波羅蜜多時，照見五蘊皆空，度一切苦厄。舍利子！色不異空，空不異色；色即是空，空即是色，受想行識，亦復如是。」這就是觀世音菩薩，已經進入甚深法界之後，觀照出來的即是五蘊皆空，照見五蘊皆空。達到了這種程

度，就稱為甚深法界，可遠比現在的原子、質子、中子、電子、夸克的狀態還要微觀，現在的科學儀器根本無法觀照。觀世音菩薩在修般若波羅蜜多時，才可能照見五蘊皆空，這種甚深已經深到接近世界宇宙本質的程度了。

現代科學中，量子是構成世界萬物的最小粒子，而那只是一個概念，沒有最小只有更小，沒有最精微只有更精微。現代物理學只研究到了深法界，還遠遠達不到甚深法界，越往深處研究，其規律越是不斷的顛覆。之後的物理學界再往前發展，如果地球不滅、人不滅，僅按照現在量子物理學所謂的方向發展下去，再發展一萬年、十萬年，甚至幾千萬年、千萬億年以後，都不一定能達到觀世音菩薩所進入的甚深法界，都不一定能理解何謂五蘊皆空。

只有到了那種甚深法界的境界中，才真正能夠看到煩惱的本質，知道了煩惱的本質，才能將其斷掉。而現在的科學界根本就涉及不到煩惱，僅僅能涉及到最粗陋的、最粗糙的生命體。比如現在，我們的生命體得病了，我們都不知道怎麼治，最前沿的醫學發現了基因 DNA，然後改變基因，可以讓我們規避一些遺傳病、甚至絕症，但僅僅是從最粗陋的身體上，一點一點的往裏進。現在的醫學、科學、量子物理學，實際上都沒有進入深法界。剛剛說其進

入了深法界都有點過分誇大，其實並沒有進入深法界，現在的科學儀器檢查身體，只能檢查到分子結構，而分子結構在欲界中都是最低層的，根本就涉及不到色界以及無色界。

達到深法界或甚深法界，法界越深，看到的事物越是本體，看到的狀態越是本質，最後就能由事看到理。事是表面呈現的現象狀態，是喜怒哀樂、悲歡離合，事物的各種形形狀狀，或生病、或健康、或快樂、或富貴、或幸福，呈現的都是最表面的現象。但是如何勾起、引起的這些現象，背後必有其本質和根源，就要往深處探究，由事即表面不同的現象，進而深究其理，最後達到明理的狀態，即知道了背後的理都是一個，知道原來悲歡離合、喜怒哀樂，都是從一個地方發出來的，這就是由事而究其理的過程。佛法即是由事究理，由理最後又發現事，事、理原來都是圓融、合一的，既有事又有理。任何一個物體或者事件，都一定是有事有理，到最後發現理事無礙、事事無礙那才真正圓融。

其實由事及理所謂究的過程，在儒學裏就是格物，格物而致良知。格物的過程就是在事上究，比如格一棵竹子是怎麼生長的？格一段情感如何悲歡離合？其背後的本質

是什麼？致良知的意思即是通理，儒學中稱為通了天理。天理即是宇宙的真理、真諦。因此，格物也就是在事理上究，格其物、窮其理，最後達到致良知，由事上通變成理上通，這個時候沒有差別了，再誠其意，最後正其心，這就是儒學。

現在的科學是從宏觀的物體、客觀的物體上研究，由宏觀到微觀，也是一個從事向理去究的過程，然後形成各種理論、結論，形成知見，形成大家共同遵守、共同認可的理。比如現代量子物理學最後得出的結論，波粒二象性，即任何物體都有波的一面和粒子的一面，任何物體都是由這兩面形成的，有觀察者就變成粒子狀態，沒有觀察者時就到了波的狀態，這是共同認可的，形成了一個理、一種知見。但是這類知見是否究竟？即要在深究其理的過程中，不斷的形成更深的知見，這是物理學的方法。

而物理學有物理學的方法，儒學有儒學的方法，佛學有佛學的方法。在此我們所講的是佛學的方法，佛學如何能夠從欲界，昇華到色界，再昇華到無色界，到最後超出三界，並不是越修越高，而是越修越深。佛學告訴我們方法，跨越現在的生命形態，達到質的飛躍。我們現在就是肉身、色身，是在欲界的色身，我們受著欲界各種欲望的

牽引，不斷的執著與妄想，導致我們所有的心念、我們的意識、觀念、知見都是污濁的、笨重的，從而形成了當下的痛苦煎熬。因為分別而形成分裂，越分裂越痛苦、越煎熬，我們甚至怎麼死的都不知道，怎麼生的也不知道，為什麼？因為我們太粗了，只能打開肉眼，看到人的生命形態是一副肉體在迴圈，或生或滅，僅能看到肉體的生和滅，然而生是從哪裏來的不知道，滅了、死了以後去哪裏也不知道，這就是欲界的凡夫。

為何都不知道？因為我們進不了深法界，更進不了甚深法界，所以我們根本不知道事物的緣起滅空。我們看到的都是分子以上，最粗陋的一種生命形態，我們如何能夠使生命形態跨越這種粗陋的分子結構，觀察到更細、更微、更深。觀察深到一定程度的時候，我就知道自己是從哪兒來的，最後往哪兒去了，又變成了什麼，這就是大神通，由大智慧而得大神通。現在的科學達不到這種程度，僅僅是剛進入皮毛，根本到不了深法界，看不到事物發展真正的本質以及來龍去脈，成住敗空的迴圈根本觀察不到。

而且，佛法還告訴我們如何修才能進入、才能到達甚深法界，就是在教我們方法，如何修才能進入甚深法界，才能夠從本質上改變自己的生命形態，達到飛躍、跨越。

隨後又告訴我們，只有修般若三昧，行般若行，前面講了行十度，此處又告訴我們行般若三昧，何謂般若三昧？般若即是圓滿、無漏，前面講的是當我達到了般若波羅蜜的狀態，即智慧上的圓滿、無漏，自然就有神通，亦即是自然進入甚深法界。此時，看人、看物、看世間萬有、看萬事萬物，一眼就看到其本質，甚至看到如何緣起、怎麼滅空，滅空以後到哪兒去了，即是其輪迴，全都能看得清清楚楚。因為已經是在甚深法界中觀、照，即已得大神通。

因此，菩薩、佛的神通威力都是從這裏來，三昧修成圓滿、修成究竟。何謂三昧？三昧可以稱之為禪定，也可稱為三摩諦。三昧的意思即是精神集中專注，精神集中是第一位，專注於靜而不宜動。此處佛學的專業術語即是「心一境性」，心專注於一境之性質，即謂三昧，亦稱禪定，亦即是三摩諦。修成心一境性，修成了般若圓滿智慧、禪定大智慧，只有透過禪定才能進入甚深法界，才能脫離欲界進入色界，進而再修進入無色界。

何為禪？禪與禪定並不是一個概念。禪定是指古印度的佛教，其實不僅是佛教，最早禪定是從古印度的婆羅門教而來。最早時有《奧義書》提到禪定，後面所有修行法門，諸如婆羅門教等其他所有修行的宗教，佛統稱之謂外

道，都修禪定，都想透過禪定而得解脫。而之後釋迦摩尼佛創佛教傳佛法，也讓大家修禪定。因此，禪定是佛教和外道所共修的。

而佛法即佛教裏的禪定，相較外道的禪定，有何不同？外道的禪定修的是所謂四禪八定，四禪即初禪、第二禪、第三禪、第四禪，各有境界，修定功而入禪境。四種禪定即四種境界，初禪有初禪的境界即輕安，二禪有二禪的境界即喜悅，三禪有三禪的境界，四禪有四禪的境界。如此所修的是色界，即修禪能入色界，修定入無色界。

定亦有四種，即空無邊處定、實無邊處定、無所有處定、非想非非想處定。四定是在四禪的基礎上，禪定的功夫又進一層。到了四定的狀態時，空無邊處定時已經進入無色界，其形態就已經開始轉變。當修到四禪的時候，形態已經變了，離欲界而到了色界，當修到空無邊處定的時候，就已經到了無色界。經過實無邊處定，到達無所有處定，即是無處不定、處處得定，最後一定是達到非想非非想處定，亦即是達到了非想非非想處天。

統稱為四禪八定，修的就是禪定的功夫，即是超越法界，離欲界、入色界、再入無色界，真實的、唯一的、可以超越我們生命形態的法門、方法。四禪八定是外道與佛

教共修的共法，佛法和外道同樣修四禪八定，那麼有什麼區別呢？佛法比四禪八定還要增加一個層次，這就是區別。在佛法之中有「九次第定」，即佛法之修定，在四禪八定的基礎上，還有第九定，稱為想受滅定、無漏定。也只有佛法才有想受滅定，外道是沒有的。

我們如何從外道修禪定呢？即是修戒定慧。先是戒，透過苦行克制欲望，自律克制身體、克制思想，即是在身口意上控制住，由戒而生定，由定而得慧，定即是四禪八定，身體不動，思想逐漸的集中、純粹、專一、純淨，如此得四禪八定。當時，佛祖苦行的時候，拜了各種師父，曾經修過四禪八定，修到了非想非非想處定，已經進入無色界中的非想非非想處天，修到最高層次了，發現還是不究竟，還是覺悟不了，所以出定以後就說這是外道。

然而，外道並非不可以碰、不可以修，有的時候外道與佛法的修行方法是共法，甚至有很多都是共法。比如咒語就是外道所行，佛不講究讓弟子念咒語，怕弟子走入外道，執迷於咒，咒的威力太大了，太神奇了，於是就會執迷於咒而不修本體。怕弟子借助於外力，佛就擔心於此。但是，在《楞嚴經》裏佛說要破阿難之難，如何能破心障以及外魔？還是得持楞嚴咒。

外道也念咒，佛也念咒，咒本身沒有問題，關鍵在於發心，執著與不執著。咒僅僅是我們利用的工具，包括禪定也是一樣。然而，外道禪定和我們講的禪宗是不是一回事呢？不是的，其實是兩回事。中土禪宗的禪，六祖惠能創立的禪，接近於古印度語言所講的禪納。禪定修的是定，就是外道，亦即是四禪八定；而六祖惠能創立的禪宗之禪，修的是慧，由慧直接入定，得慧自然就有定。六祖傳的是般若，修的是般若，而不僅僅是禪定。

古印度的禪定，意思是上坐打坐，要守定、要得定，心專注於一境，得到三昧，得四禪八定，達到三昧、三摩諦的狀態。然而這種禪定的狀態可不是般若三昧，般若三昧是從圓滿大智慧得到的三摩諦的狀態，圓滿的智慧是從慧直接入手而得，一悟即得。那是超越了四禪八定的九次第定之想受滅定，剎那間即得，而且一得就是最高境界，這才是般若三昧。

那麼，如何能夠做到般若三昧，如何能定得住呢？

有人說：「老師，我就堅持打坐，什麼都不想，然後我一點一點的就得到三昧了，我就開始定了。我堅持什麼都不想！」六祖惠能在前面告訴我們了，「空心靜坐，百物不思，此一類人，不可與語，為邪見故。」

又有人說：「定就是由靜而後止，然後得定，不是這樣嗎？」可是靜和止到底是什麼意思？到底止什麼？如果覺得止就是不讓自己有念頭，止當下之念，那就錯了，那就是所謂的百物不思，空心靜坐，就走入錯道、外道，是外道之定。而佛道之定、禪道之定、正定，不是止念而是要正念。

所謂正念，即念頭來去無滯，有念頭是正常的、應該的，沒問題，而念頭走了就走了，也不執著於它，不去抓住它，不於此念上生念，念來則來，念去則去。如此才是真正的止，止的是念上生念，而後才能得定，得的定稱為無分別定，這是禪宗佛法的定。無分別即是中道實相，如此所得的就是正定，由正念而得正定，無分別而得定。同樣，止也是止於念上加念，因為分別念了，才往上加念。止念上加念，得正念，得正定。這是有區別的、不一樣的。

欲入般若三昧，須修般若行，還得從四禪八定、九次第定上行。有人疑問說：「老師，四禪八定不是外道嗎？」外道只是不究竟，並不代表外道都是錯。

如何能止得住，讓自己不分別呢？其實這一點說起來很容易，「入般若三昧，不分別就行了，一旦放下，我心即是佛。放下了、不分別了，中道實相現前，我就是佛了。」

然而這僅僅是理，從理上理解了，但事上修成了嗎？修到了嗎？放得下嗎？

所以禪宗之所以稱為頓悟法門，聽著感覺理很容易，「不思善、不思惡，放下分別，即得中道實相。得到中道實相即悟了，一悟就證到佛果了。一念清淨我即是佛，一念分別我就是凡夫，那我經常是佛。」

其實，我們生生世世以來，從沒有任何一念是清淨的。一念清淨我即是佛，那僅是理。如何修成一念清淨？的確，念頭中如果有一念不分別、清淨了，就真的是佛了，一念即瞬間，瞬間即永恆。然而，問題在於任何一念都清淨不了，要修成一念清淨，得修多少生、多少劫，而且都得按照正確的方法修，才有可能在某一生、某一世、積累到一定程度以後，突然有那麼一念清淨，其實就是大徹大悟。

還是得按照階段性修，知道自己現在還在山腳下，也知道只要走到高聳入雲的山頂之上，就能一眼看見所有的萬物，整個宇宙都能看見，一切世間萬物就能了了分明，一切皆知，一切皆見。當然是這個理，但是現在還在山腳下，怎麼能上到山頂？修般若三昧，就是讓我們能夠到達山頂。

第三節
五停心觀得九次第定
專注一境達般若三昧

其實佛法為了讓我們修到般若三昧的層面，講了很多善巧方便的方法，例如修四禪八定，不離其中，不離其止，有的從文字般若上修，有的從禪定上修，即是從形上修。其實都是往一個地方修，如何對治煩惱，如何不起分別，方法很多。其中非常重要的佛法修行方法，比如「五停心觀」，即是五種觀想，是對治煩惱、對治欲望的，煩惱本就是由貪、嗔、癡等欲望所組成的。所謂五停心觀，一是不淨觀，二是慈悲觀，三是因緣觀，四是屬息觀，五是界分別觀。

五停心觀也是佛法裏重要的基本修行方法，佛祖之所以教眾生五停心觀，就是要根治不同根性、習性的人。比如有的人色心特別重，看見美女就控制不了，知道自己放下美女，就成佛了，但關鍵就是放不下，看見就是覺得美，為了得到美女的歡心，怎樣都行，做什麼都可以。這些都是念上加念，而這些念即是欲，都是從貪嗔癡慢疑五毒而來的。如何根治這些根性呢？

如果色心很重，就修不淨觀，現在看著是美女，四、五十年以後呢？現在皮膚那麼白嫩、細滑，感覺真好、真舒服。那不要總想這些，所謂不淨觀，想一想粗粗的毛孔裏、毛根裏是什麼？想一想皮膚上哪天長了痤瘡、長了皮膚病什麼樣？想一想皮膚下面是脂肪，脂肪下面是肌肉，想一想馬上就受不了啦！再想一想五臟六腑、心肝脾肺腎，還是那個美女嗎？還敢往下想嗎？腰真細，那想一想腸子、胃裏是什麼？面貌真美，那想一想腦袋裏面的腦漿是什麼樣？你還敢想嗎？這就是所謂不淨觀。修不淨觀，停的、止的、針對的習性就是色。

　　而針對各種根性、不同習性，都得有對治。有對治以後，才有針對性的止歇，否則心被欲所牽引，控制不了。就如同在大海中的驚濤駭浪裏，想停下來，認為能停止不動，一個浪打過來，憑什麼能不動？腳下無根，一個小浪就推得東倒西歪，一個大浪就掀翻了，那就是所謂的業浪。

　　所造的業，是積生累劫、生生世世形成的習性、根性、慣性。有這種慣性的時候，生生世世都會被美女、帥哥的色所吸引，已經形成了自身身體的應激感受，完全形成了一種對應，外界一有色出現，立刻淫心大動，根本就控制不了。

理上所謂處在驚濤駭浪之中，如如不動，那僅僅是理。所謂「八風吹不動，端坐紫金台」，是蘇東坡寫的，寫得很好，讓小童子送給他的好朋友佛印。佛印一看，對小童子說了一句，「回去告訴蘇東坡，放屁。」小童子回去一說，蘇東坡氣壞了，飛馬奔過江來找佛印，「你是什麼意思？八風吹不動，端坐紫金台。我怎麼放屁了？」

　　佛印說：「你這是八風吹不動，一屁過江來！我只說了放屁倆字，你就過江來找我算帳了，你不是說八風吹不動嗎，為何一個屁字就過江來了？既然端坐紫金台，你又為何從紫金台上下來了呢？」

　　從這個典故可以看出，理是理，理通了不代表事上就行了、就修成了，完全是兩回事。實際上修佛法，尤其是學《六祖壇經》、修禪宗的時候，我們得注意這個問題，天天說的都是最高的理，但也一定得從最基本的事去行，從自己最根本的根性上去行。

　　根性、習性、慣性是怎麼來的？就是生生世世由某一方面、或者某幾方面的欲望不斷牽引而來。而欲望就是從貪嗔癡慢疑五毒，尤其是貪嗔癡三毒而來。如何讓我們的心達到最高境界，達到禪定般若三昧的境界呢？就得從對治最基本的三毒修起，還是得從腳下一步一步起修。不能

天天說禪講道，變成禪油子，還得從佛所教的最基本方法，一步一步起修，跨越欲界，轉變我們的生命形態，到達色界，再到達無色界，無色界即是清淨界，相對清淨了，最後我們才能到達九次第定之想受滅定，那時就達到無餘涅槃的境界，整個生命形態就徹底改變了。

所以我們要修般若行，而般若只是目標，是大方向、最圓滿的方向，行則要從腳下一步一步的走起，然後進入法界修行。其實人人都在法界中，只是我們現在是在欲界之中，要往上走，往深處走。走深一步，看世間萬物就不一樣了，再深一步就更不一樣，修禪定修到甚深法界的時候，我們就知道了宇宙萬物的根本。修佛就是要斷煩惱，即是度苦厄，當我看到了煩惱的根本時，我就能破煩惱、斷煩惱，那時就達到了菩薩的境界。

現在我們講斷煩惱，破三毒，得戒定慧，都是在理上講，理再明白也不行，一定還得在事上修、事上行。怎麼修，行什麼？就是要修三昧、修三摩諦，心首先置於一處，先得到心一境性，一點一點的修。我們現在的心特別散亂，每天都是心猿意馬，根本收攝不住這顆心，東想一下、西想一下，要嘛回憶過去，要嘛妄想未來，就是安不在當下。即使安在當下，也是執著於當下，夫妻吵架的時候就是執

著於當下，然而只是執著於當下的吵架，口說的事仍然不是過去的事，就是未來的事。過去說愛我，說要愛我一輩子，現在沒有負責；那時候說十年能讓我住上大別墅，現在還住在破房子裏；以前怎麼答應我的，結婚以後怎麼變了等等。如此也僅是安於當下的吵架，但是說的依舊是過去或者未來。

　　人其實就是這麼回事，我們的心念每時每刻都翻飛不停，要嘛就是憶、往，要嘛就是住，要嘛就是來，即所謂過去、現在、未來，一旦住在當下，反而又執迷進去、癡迷進去，出不來了。修行即是讓我們放下過去，也不要去想未來，一有想過去的念頭就止住，一有想未來的念頭也止住，先把心安於當下，先做到一，即心一境性。正如各位現在正在讀書，那就專心的讀書，這是要培養，平時就要練的。

　　所謂三摩諦，並非就是準備好開始打坐，要修禪定就開始止念，開始止過去、止未來、安於打坐。而是隨時隨地的練，我做飯的時候專心的做飯，看電視的時候專心看電視，讀書時就專心讀書，先練心一境，就是練專注。專注是需要練的，這是一種習性，有人專注力強，但並不一定天生就強。的確有天生強的，也是與根性、習性有關。

所謂天生強，即我們每一個人都有天生的定性，稱為「生定境」；然而，定性、專注力又可以後天練習，後天練習的稱為「後定境」。有的人生定境的確就是很強，生下來就特別專注，長大以後做事也特別專注。做事專注的人、專注於當下的人，非常容易成功；精神特別散亂的人，做什麼都不容易成功。因為專注是力，要成功都要有巨大的聚焦力。每個人的力都是一樣的，專注的人能把所有的力集中於一點，就能做事有功，功率就大，也就容易做成事；散亂的人，同樣的力放到了很多分散的點，而且不持久，就很難成功，即便是世間法都很難成功。

　　三昧從哪裏開始修？先從定力開始修，定力則是從專注力開始。先天的專注力一般，那就後天去練，練習放下過去、放下未來、專注於當下。先把心練得專注於當下，做什麼事就專心的做這件事，其他的一概不想，先做這一件事。然後再修離念，即是專注於當下，又不為當下所執著，這時就是在練更高的功夫。禪定就是這樣開始練，三昧也是這樣練起。跟是否打坐沒有關係，打坐也可以練，不打坐也可以練，看電視時也可以練專注力。專注力是禪定力的基礎、前提，練專注其實就是在練禪定。

　　太陽那麼大的能量，而你會利用太陽能嗎？太陽的能

量分散著撒下來，連一張紙都燒不著，但是如果把太陽能聚焦起來，可以做很多事，而且越是大範圍的聚焦，聚焦的點越集中，發出的功率就越大，做的事就越多。因此，利用太陽能，其實就是一個聚焦，聚焦後集中的發射出去，就這麼簡單。我們每一個人的精神力量，也都是無窮無盡又無比的強大，做事能否成功，能不能做成事，最關鍵的就是能否聚焦於一點，這是需要練的。無論世間法還是出世間法，都得從此練起。沒有精神散亂的人能做成事，而且絕不可能取得長久的成功。

人與人競爭的時候，比的就是專注力。誰的聚焦力更強，誰的精神力就更強大。佛、菩薩為什麼有那麼大的威力？為什麼要修無住無往無來、無念無憶無著？為什麼要放下過去，不想未來？為什麼要安於當下？修的就是禪定力，即所謂聚焦力。

想想自己平時意念紛飛，是不是想得太多了？坐著的時候妄想連篇，精神力就在分散，學習也就不好。有效的學習，聚焦力、專注力很強的人，坐下學習一小時，和精神非常分散的人，學十個小時相比，有效者可能就用一小時在書本上，然後就去玩了，而玩的時候也特別專注，得到的快樂也特別充足；分散者玩都玩不好，學習的時候想

著玩，也學不好；玩的時候想著學習還沒學完，也就玩不好，如此分散，長大以後做事、做計畫也就成功不了。

所以我們講禪定力，即是在講如何行般若三昧，即般若要從三昧中行，而三昧之行要從禪定中來。如何進入甚深法界？那就是禪定的功夫。

現代科學的量子物理學，研究如何進入微觀世界，還是得發明望遠鏡、電子顯微鏡，借用宏觀的望遠鏡往宇宙的宏大深遠處看，而電子顯微鏡，其實也是望遠鏡，是往細微的深處看，去觀察，都是透過儀器觀察深處。

佛如何進入甚深法界，觀察最深處的奧祕呢？就是透過禪定的功夫，聚焦精神力。所謂的欲界是最粗的，是分子結構；色界，就到了原子結構以下；到達無色界時，就是我們現在根本想像不了的微觀世界。佛已經達到非想非非想處天，其實就是到了最深的境，即接近《心經》所講的「觀自在菩薩，行深般若波羅蜜多時。照見五蘊皆空，度一切苦厄」，此時即有強大的聚焦力。而聚焦在那裏，又不執著於那裏，不陷進去，我只是個旁觀者，隨時保持著清醒。一旦陷入微觀世界裏，就迷失了，就瘋了。

何謂修行？何謂般若三昧？這就是般若三昧，就是般若行的其中一部分。我們前書中所講的六度之布施、持戒、

忍辱、精進，隨後就是禪定，而在此處講的所謂修般若三昧，其實就是在講禪定，講如何得禪定，禪定的層次、作用、意義和修禪定的方法。這也是般若行的一部分，般若行即從三昧講起。心一境性，止、靜、定、慧，這幾個層次，我們要清楚止什麼，即專注於一心，心專注於一境，這就是所謂三昧，由此開始修禪定。

如果有習性根深、煩惱不斷、控制不住的，就從五停心觀開始修，修觀想。五停心，即停止煩心、亂心、欲望之心，都是一一對治的。如果各種心都不重，五欲都不重，外境沒有什麼能牽引你，都能夠放下，那就向九次第定的目標修，也是從四禪八定開始起修。禪定到底如何開始起修呢？從心安於當下開始起修，心不散不亂，集中於當下，由此起修，修到非想非非想處定，無處不定，那可不容易。清醒的時候，能保持自己安於當下；睡著了呢，睡夢當中還能安於當下嗎？根本控制不了。

如果睡夢中控制不了，就說明有三分之一至一半的時間，無法處於安於當下的定境中，其實初禪都得不到，不要以為四禪八定好像是外道，修起來好像很容易，就要直接修第九次第定，就要修無漏的般若三昧，想得太簡單了。睡眠都控制不了，睡夢中就失定了。如此一生中，亦即是

每一天當中，只有三分之二的時間，但其實根本不可能有三分之二的時間保持住一境，即當下的境。所以平時就得練，收攝身心，當練到一定程度，才能感覺到何謂精神力量。精神力量是從專注中來的，專注、聚焦，才有力量。

我們每一個人都有強大的精神力量，即心力。關鍵在於如何聚焦，然後啟用，這就是真正的佛法所教授的。真正強大的精神力，是能穿透任何時空，不受空間限制、障礙，不受器質世界滯障，能夠穿透各個時空。不練就無法知道，練到一定程度，真正能夠專注、聚焦了，才能知道何謂精神力，才能知道作用多麼強大，那是一種無形無相的力量，是一種無比巨大的威儳。所以有人修力、修精神力修好了，一個人就能抵得過千軍萬馬，甚至真正精神力強大的人，殺人哪還用得著動手，看一眼對方就活不了，更有甚者都不用看，想一下對方就活不了。

前書我們在講力的時候，講過德瑞莎修女的例子，她修的是布施之力、慈悲之力，她專注於修布施、修慈悲，力量能夠那麼強大。那我們在修什麼力呢？其實不管修什麼力，都得從專注於當下修起。德瑞莎修女是如何修布施之力、慈悲之力的？不也是專注於當下嗎？她把那些流浪的人、將死之人、得了各種重疾好不了的病人，都抬到修

道院裏，用她的慈心、愛心，用她的救度之心、布施之心，專注於這件事，也是在修她的禪定力。

　　所以，如此才是真修行，才可稱為般若行。當然，這並不是全部，我們在此所講的就是三昧，如何從三昧處起修，達到般若三昧的境界。

第二十五章

持誦《金剛般若經》即得見性　此法門是最上乘

第一節

誦經增福報法緣
拜師授持用密法
金剛心誦持得見性

上一章詳細講解了般若行到底怎麼修，本章繼續講解，【持誦《金剛般若經》即得見性，當知此經功德無量無邊，經中分明讚嘆，莫能具說。】

在此六祖惠能特別強調《金剛經》，亦稱為《金剛般若波羅蜜經》。其實《金剛經》講的就是如何獲得般若大智慧，就是佛祖所傳般若法中的大般若法，是最上乘、最圓滿的般若法。《金剛經》何時開始在佛教中成為最重要的經典？即是從四祖也就是五祖弘忍的師父，開始把《金剛經》當作印證開悟者的經典。而在此之前是用《楞伽經》印證開悟。

達摩在南北朝時來到中土，帶來了禪宗的心法，以心印心的法門，即為初祖。當時達摩傳下來的，就是用《楞伽經》印證是否開悟。後來到了四祖時，改成用《金剛經》來印證。五祖弘忍在傳授六祖惠能衣缽時，就是用《金剛經》使得六祖惠能明心見性、大徹大悟。也就是講解到《金

剛經》「應無所住而生其心」的時候，六祖惠能才徹悟，悟到了。所謂悟到了，不是理上解而是在行上悟了，之後六祖惠能又在獵人隊中修了十五年，在心上證了，從而真正達到圓融的境界，真正獲得了般若大智慧，所以六祖惠能是由《金剛經》而啟悟。《金剛經》在禪宗法門中是最重要的經典，《六祖壇經》中所講的修般若智慧、中觀以及空性，都是從《金剛經》而來。

其實，要想修好《六祖壇經》，必須得透徹的掌握幾門知識。一門是唯識宗，就是唐玄奘從西域帶回來的真正的佛法，唯識宗的《唯識三十頌》、《成唯識論》，必須得深切掌握，才可能讀懂《六祖壇經》。第二門就是《金剛經》，對空性的認識、對中觀空性的觀點，就是禪宗最基本的觀點。《金剛經》上部講的是眾生空，下部講的是法空，中觀與空性是佛法的精髓、精要。再一門就要熟讀深透《維摩詰經》，維摩詰是在家居士修成的大菩薩，《維摩詰經》裏講述的是在家如何修行，即修行無需出家，修行不離世間。在世間，如何修行能夠既得世間的富貴、幸福、平安，又能得到修行境界的圓滿，就是《維摩詰經》所闡述的。

《六祖壇經》是把上述這三門經典的精髓融合為一

體，相當於將《成唯識論》、《金剛經》以及《維摩詰經》融合，形成了中土的禪，告訴我們在現實中如何修慧，定慧不二，定慧等修。這就是中土禪的特性、特點，不同於古印度傳過來的禪定，是從慧上起修，從知見上來，從理上解，然後在行上悟，最後在心上證。解、悟、證，即所謂「持誦《金剛般若經》即得見性」。

《金剛經》何時來到中土的？大概東晉時期，即漢朝之後。有一個大譯經師在歷史上非常有名，名為鳩摩羅什，簡稱羅什，將其翻譯成中華的文字。這個譯經師非常神奇，如果沒有羅什譯經師，中土佛教不可能這麼興盛，不可能後來達到頂峰，因為幾部非常重要的經典都是由羅什翻譯出來的。比如《阿彌陀經》、《大智度論》、《中觀論》，以及最著名的《金剛經》，都是他翻譯的。

歷史上關於鳩摩羅什有很多的傳說。傳說東晉時期北方非常混亂，五胡十六國中前秦的苻堅，為了得到鳩摩羅什而出兵，派大將呂光率七萬精兵，西去龜茲國要把他接回來，然而對方不給。因為他是當時的大修行人，得到這位大修行人就能得到神明的護佑，就能得傳正法，所以出兵幾萬、耗資無數就是為了得到這個人，因此他在歷史上非常重要。後來呂光在龜茲國將羅什掠至涼州，逼他娶妻

生子，娶公主為妻，且必須生孩子，後面更有甚者，安排幾十個宮女天天伺候他，意思是：「你不是大修行人嗎？讓你享盡人間美色、人間富貴，看看你到底是怎麼修。」

結果鳩摩羅什來者不拒，還生了兩個兒子，但是當時的僧侶看到這種情況，大德羅什都能娶妻生子，我們應該也能，我們為何辛苦的守著戒律，而大德能享受，心裏不服，所以當時就興起了一陣騷亂。羅什為了平息騷亂，就把這些僧侶叫到眼前，拿出一缽銀針，對這些僧侶說：「你們的修為到沒到這個境界？如果修為到了這個境界，你們也可以娶妻生子。」

僧侶們就看著他把這缽銀針，一根一根都吞了進去，這些僧侶一看，誰也做不到。羅什說：「你做不到，那就好好的守著清規戒律，好好守住你清淨的戒體，好好修、練，沒到這個境界、沒有這種功夫，就別學我。」如此把這個事件平息了下來。

歷史上這一有名的事件「羅什吞針」就這樣流傳下來，而且這是歷史上的真事。他是如何做到的？是不是特異功能？其實，當人真的有了般若智慧以後，各種神通都是可以顯現的，只是不到必須顯現的危機時刻，大德不會輕易顯露神通。因為所有顯露神通的，最後都會受到反噬，在

現實中違背了客觀物理規律，都會受反噬，所以即使有神通也輕易不會顯露，更不會去表演。

羅什臨死之時，即坐化往生之前，對弟子講：「我的身體要焚化，我這一生翻譯經典無數，在翻譯的過程中會不會有錯呢？我知道你們其實都有質疑，因為我就是一個人。然而，今天我用一個預兆，即是我做一個預言，如果我這一生翻譯的經典完全符合佛祖的真意，沒有加我自己的臆想，都是佛祖的真意，那麼我的身體焚化以後，舌頭不會焦爛，不會燒化，那就可以證明我所翻譯的經典沒有問題。」

人們都知道舌頭就是一塊肉，整個身體燒化時，骨頭都會燒成灰，舌頭一定會被燒化，所以他就讓人們看，最後他的舌頭化還是沒化，以此知道他翻譯的經典有沒有問題。後來他的身體被焚燒以後，舌頭果真不焦不爛，故稱之為舌骨舍利。如此，鳩摩羅什的舌骨舍利就留了下來，一直保存至今。他在最後坐化時，就有點像六祖惠能為了表他所傳的法是正法，留真身在南華寺，被稱為真身舍利，其實都是同樣的道理。羅什留下的舌骨舍利，也是表法，他表的是什麼法？即他所翻譯的所有經典，都符合佛之本意。

流行的《金剛經》共有八個版本，也有一說是六個版本，其中最能表達《金剛經》佛之本意的，就是羅什翻譯的《金剛經》版本，到現在都在流傳。所以這是一件大功德，《金剛經》教我們獲般若智，悟中觀空性，最後見性，即先明心後見性，《金剛經》即能讓我們見性，所以此處講「持誦《金剛般若經》即得見性」。

　　要注意兩個字，一個是持，一個是誦，即《金剛經》是可以誦的，並非所有的經都可以誦。而在這裏明確的告訴我們如何修《金剛經》，持即是行，就是指不僅口念也要心行，口念心行，即稱為持誦。而誦就是指口念，可以出聲的念。念《金剛經》本身即是修行的一部分，只需念。

　　有人提出疑問：「老師，那經意呢？不理解經意怎麼辦？」沒關係。念《金剛經》本身、背誦《金剛經》本身，就會使人漸入佳境、漸漸的熏修，內心中的業障、所知障、觀念知見，隨著念誦，就會一點一點的消散，不需要理解所謂的理。因為從邏輯上理解《金剛經》所講的理，根本就不通，即從分析、推理、判斷的邏輯角度，根本就理解不了，《金剛經》講的也不是邏輯的事。

　　念一念《金剛經》、讀一讀《金剛經》、背一背《金剛經》，自然就入了空性，自然能夠進入中觀之態中。所

以，誦讀《金剛經》，就如同念大悲咒一樣，念經、念咒本身即有大功德。行、持則是透過《金剛經》告訴我們的理，教我們的方法，讓我們得空性，即理上解空性、行上悟空性，此謂持，持和誦兩部分同時進行。因此，持誦《金剛經》即得見性，即有大功德。

什麼樣的前提和情況下可以持誦《金剛經》？要在得遇明師指點的情況下，才可以持，才可以按《金剛經》上講解的中觀空性之理，在現實中去做。需要既在理上通透，現實中又有修行方法，而沒有明師指點的情況下，無法持，只能誦。也就是說，在沒有明師指點的情況下，只是念誦、背誦《金剛經》，也有大功德。

即使一點理都不通，也沒關係，就像誦持大悲咒，不僅持咒即有功德，念咒亦即有功德，但並不是功德的全部，無法獲得般若大智慧。僅僅誦讀《金剛經》和誦讀大悲咒，能起到破業障、得福報、積功德、讓我們越來越清淨的功用，得福報即破惡業，也就是現實中我們就會從煎熬中解脫出來，會為我們增機緣，圓滿我們的法緣。

僅會念《金剛經》、念大悲咒，但不會用《金剛經》，也不會用大悲咒，如此有沒有意義呢？有意義。亦會增福德、福報，創造機緣、法緣。福報積足了，功德積夠了，

法緣就出現了，障礙就少了，就能得遇明師，明師就可教授如何持《金剛經》、如何持大悲咒，而持即是用，就會講解《金剛經》之理、中觀空性之理，在通理的前提下，進而教授具體的修行方法，此時即可見性。

此處不要認為所謂「持誦《金剛般若經》即得見性」的意思就是，我也不用老師、無需拜師，只是天天念誦、一遍遍的背誦《金剛經》，我就能突然大徹大悟、成就道果，就能成菩薩，不是那麼回事，這一點一定要清楚。歷史上也沒有任何人能夠僅僅一部經典，天天讀、天天背，就能成就的，一個也沒有。如六祖惠能一般大根性之人，是上上根中的上上根，也得有五祖弘忍作為師父點化和激活。沒有師父絕無可能徹悟、成就。

如果惠能是有人所謂的那種無需拜師的上上根，為何還千里迢迢跑到黃梅去尋五祖，在家多讀幾遍《金剛經》不就見性了嗎？自己就能成佛作祖，還需要跑到千里之外拜明師嗎？一定要清楚，所有法門的傳承，不僅是在理上通達，同時還要傳授密修的術。

不要以為五祖弘忍傳給六祖惠能的是《金剛經》中的理，是講解到「應無所住而生其心」時，惠能大徹大悟自己就什麼都知道，絕不是這樣的。否則，唐朝時期《金剛

經》其實已經挺普及了，那就自己回家讀《金剛經》就行了，為什麼一定要去拜師呢？《六祖壇經》記載，當時五祖弘忍向六祖惠能傳法的時候，那是密傳的，用袈裟把窗戶都封上，生怕外面的人發現禪房裏面有燈光，怕人偷聽。如果僅是傳《金剛經》，傳授幾句佛理，還怕別人偷聽嗎？那可不是，而是傳授他密傳之術，即密傳的修行方法，配合《金剛經》上的佛理。

我們要知道何為持、何為誦，而且一定要清楚在什麼情況下持、什麼情況下誦。此時，得遇明師方能知道如何修，才能得佛理，同時得密傳之方法，即密傳之術，這是持；而且也要再不斷的誦，此時既持且誦《金剛經》，才有可能見性。六祖惠能走的就是這條路，所以在此講述《金剛經》的重要性。

《金剛經》篇幅較短，但全都是精華、精義，此即為佛開般若大智慧，講說如何到彼岸，亦即是般若波羅蜜。何謂金剛？金剛是宇宙中、世界上最堅硬的物質，金剛石的硬度、密度最大、最堅硬，代表著我們向道之心永不退轉，稱為金剛心、金剛般若波羅蜜。當得到般若智慧的時候，道心就像金剛一樣，堅固不破。而且無論多麼堅固的石頭、岩層，金剛鑽都能鑽透，這就相當於將我們心中貪

嗔癡三毒所形成的巨大障礙，用般若波羅蜜大智慧才能鑽透。般若大智慧是最堅硬的金剛鑽，破煩惱、破業障、破所知障，使我們上下通達、內外無滯、心體無礙。因為能達到這樣的效果，所以這部經典就稱為《金剛經》。

「當知此經功德無量無邊，經中分明讚嘆，莫能具說。」《金剛經》的功德無量無邊，不管如何讚嘆，無論多麼強調其重要性，也永遠講說不盡，一億年也說不完。而且「莫能具說」，怎麼講說都說不完。

第二節

上根聞法一教奉行斷惡修善
萬法方便引中下根漸散烏雲

【此法門是最上乘，為大智人說，為上根人說。】前文就有「摩訶般若波羅蜜，最尊最上最第一」，此處又講到「此法門是最上乘」。為什麼是最上乘呢？而這天下第一、最尊貴、最重要的法門，又是指什麼法門呢？就是禪宗法門，也就是六祖惠能開創的法門。

中土禪宗修的是禪，是最上乘的法門，因為禪宗法門能帶我們得到般若大智慧，到達波羅蜜彼岸，大智慧本身即是三世諸佛由此而生。所有修行到佛境界的，所有的佛，即過去所有的佛、未來所有將成就的佛、現在所有正在成就的佛，即所謂三世諸佛，都是從摩訶般若波羅蜜中修來的。而禪宗法門就是教大家如何修摩訶般若波羅蜜，即是教人成佛的法門，教人達到最高、最究竟、最圓滿的境界的法門。因此稱為最上乘，在此之上就沒有了。

那麼，最上乘的即「為大智人說，為上根人說。」何謂大智？簡單的理解就是大智慧。智慧也有大有小，摩訶是大，即所謂廣大、圓滿，摩訶般若即是廣大圓滿的智慧。

廣是無邊無際、無有邊界，大是指大小、質量、體積、空間巨大，廣大無垠無有邊界，即是摩訶。有邊界即是小，小智之人即是有邊際、有邊界之人。而有邊界即是有束縛、有局限、有內有外。而有內即是對，有外即是錯，這就有了是非，且有內外即有上下、即有長短，就有了分別，分別越重，越是小智，智慧越狹窄，越不圓滿。

在此我們講說《金剛經》功德無邊無量，此法門是最上乘的法門。但是還有一點，此法門並不是三根普度，即並非任何智慧的人都能度，都可以學。只是針對已經有廣大圓滿智慧的人，對小智小慧之人是不實用的，甚至學之無益。為大智人說，即是只為圓滿的智慧者講說。為上根人說，即只為上根人講說。何謂根？何謂根性？上根、中根、下根又都是什麼？其實就是講，每一個人都有妄想和執著，對自性光明造成障礙的程度，決定了根性的大小。執著和妄想越重，對自性的光明障礙就越大，烏雲就越厚，根性也就越小；執著和妄想越小，障礙自性光明就越少，自性的光就能透出來，而且光明就越透徹，根性即是上根。

上根之人一經點化，即可與光明融為一體。亦即身處光明之中，外面陽光普照大地，但是自己還拘束在一個小角落裏，看不見光明，迷茫困惑，即是面對牆角站著，光

透不進來，但其實背後就有無限的光芒，照耀著大地、照耀著一切，但是自己看不見、感受不到，因為面對著牆角。這時候一經明師點化，一句回頭是岸，一轉身一回頭，立刻就看到光明普照大地，心豁然透亮，看任何地方都真真切切。此時從牆角裏一步走出即到光明之中，即與光明融為一體，這即是上根之人，一經點化即得光明。

而所謂下根之人，外面烏雲密布，陽光透不進烏雲，照不到大地，即使四處奔跑，自己還是在這一片烏雲之下，很難見到陽光，這就是下根之人。針對下根之人，得有特殊的方法，先驅散烏雲，然後才有可能見到一絲透光，再不斷的驅散烏雲，使烏雲越來越薄，光明才會一點一點的透下來，這就是下根的漸修過程。

烏雲從何而來？不是從外面來的，烏雲是自己的心中所造。要將烏雲化解驅散，不是在外面化解，不是用風吹烏雲，不是把烏雲撥開，不是借助外力驅散烏雲，而是必須要從自己的內心中修。因為烏雲的來處，是心中貪念、雜念一起，貪嗔癡慢疑五毒在心中一生發，形成毒煙、毒氣，飄向空中形成烏雲，永世不會離散。除非在心中將貪嗔癡慢疑五毒一點一點清除，天上的烏雲才會越來越淡、逐步化解、逐漸消散，只此一個辦法。

何為上上根？六祖惠能就是上上根。自他以上禪宗的祖師，達摩祖師從古印度佛教開始計算，是第二十八代祖，在中土禪宗是第一代祖師。古印度之前的禪宗，即佛祖傳下來的禪，拈花一笑摩訶迦葉，是第一代祖，而他就是典型的上上根。所以，當時佛祖在法會上拿了一朵花，微微一笑，這時下面幾萬聽法的眾生，沒有一個能領悟，根本不知道佛祖為何拿著花，也領悟不了佛祖又在笑什麼。為什麼領悟不了呢？因為心不透亮，心未開解，即是中下根之人，也就理解不了。其實佛祖已經把訊息從心中發出來，但是頭頂烏雲密布的人，就被烏雲遮蔽障礙，信號透不過來就接收不到。而摩訶迦葉的心是清亮的，沒有烏雲層層蓋頂，立刻接收到佛祖心中發出來的訊息，於是他也對佛祖微微一笑，這就是所謂以心印心，當下就接了禪宗之心法，開創了禪宗法門。

　　因此，禪宗法門即為以心印心、不立文字，就是這樣開創的。摩訶迦葉和六祖惠能，即謂上上根。對上上根的人不用繞彎子，不用方便說法，也不用比喻，直接對其講說究竟了義的佛法就行，甚至都不用講，心一想他就接了，一句話、一個動作、一個視線眼神，他當下即大悟，那就稱為上上根之人。

然而，上上根之人可不一定特別有知識、有文化，不一定學歷特別高，甚至字都可能不認識，但是知見少業障輕，一直處於圓滿的光明之中，一點化立刻就與光明合體，這就是上上根之人。而且，在現實中不一定非常聰明、智慧。那麼上上根之人的標準如何？其實沒有標準。現實中有可能最底層、下下階層的人，就是上上根，比如六祖惠能，不一定是貴族，不一定受到了很好的教育，也不一定家裏多麼有錢，但是其人就是上上根，那是累世修為而來的，本就差一層窗戶紙了，一點就透。

　　何謂上根？上根比上上根差一點，而上根也比較容易度。那是一種什麼樣的狀態？是何表現？上根之人一聽佛法，立刻就能完全相信，而且立即明白這就是正法，卻沒有為什麼，就是相信這是正法，然後就能做到一教奉行，沒有懷疑，斷惡修善。這裏所謂的惡不是指壞事，善也不是指好事，善即是有正知見、正思維、正念，然後正精進，即得正定。善的對面就是邪，邪即是惡。這種上根之人只要開始踏上修行之路，一生不退轉，道心堅固，這就是上根。上根之人並不會一經點化，一句經典、一個視線、一刹那即大徹大悟，但是他會堅信，然後一輩子都一教奉行，斷惡修善，一生不退轉。

因此，有的上根之人當世就有成就。諸如唐玄奘、鳩摩羅什，都屬於當世就有成就之人，即所謂上根之人。所以《金剛經》、《六祖壇經》等，法門中的重要經典或修行方法，是針對什麼樣的人說呢？為大智人說，為上根人說，只針對這兩類根性的人說，即上根以及上上根。而其他還有中根和下根。

　　中根之人的特點是，也認可佛法，也覺得佛法說得挺對，但是世間的各種欲望，他放不下，只是在理上認可，但是讓他做、讓他行很難，既想透過學佛了脫生死、圓滿道果，又放不下對世俗的貪戀，離不開愚昧、離不開癡情、離不開物質享受，時而認同佛法，時而質疑、懷疑。認同時就起修，被欲望牽引時就忘了修行，一旦被滾滾紅塵所淹沒，就沉淪進去了，稍有喘息又想起佛法，所謂中根就屬於這種人。也能親近善知識，也能長期熏習，但是處於一種模棱兩可的狀態，雖然認可，但並不堅固。現實中碰到事情就開始質疑，就想放棄，道心就退了；忽然碰到奇蹟了，碰到好事了，覺得佛菩薩保佑了，就又感覺還是繼續修行好，又開始勤修苦練；修練兩個月後忽然又碰到不順之事，馬上又開始退轉，又開始質疑。這一生就在這種迴圈當中，時而精進，時而退轉，時而用功，時而鬆懈，在這種狀態下忽停忽走，這就是中根之人。

其實，為何佛說八萬四千法門？佛的八萬四千法門是對何人所說的？即是對中根之人所說。對上上根之人直接講說究竟了義法，直接一句真相，或者不必說話僅一個眼神，就能領悟，此是謂上上根。而上根之人需要長時熏修，但其信心不退、道心不退，一生勤學苦練，因此教授一個法門即可，找到最合適的法門教給他，教了他就信，而且一生都會一門深入，一定能夠堅持長期熏修，這是謂上根。對上根之人無需八萬四千法門，只要告訴他何為般若波羅蜜，把六度這一個方法教給他去修練即可，如此他就自然能夠破三毒，得戒定慧，所以上根之人一法足夠。

　　所謂中根之人，時而懷疑、時而精進，這樣的人不斷變換法門，今天學些佛感覺挺好，有輕安的感受，現實中會順利，就開始精進的念佛。念佛三個月以後，感覺無聊、沒意思了，開始質疑，如此天天念有何意義呢？質疑心一起，現實中一出現變故，就更加懷疑，這時候就去追求密宗，再學密宗之法，開始磕長頭、持咒、修密宗本尊法，方法花樣很多。中根之人總是更換，做不到一門深入，勇猛精進，所以佛開八萬四千法門就是對治中根之人的。

　　中根之人占眾生的比例最大，幾乎都是這樣的人，真正的下根之人並不多，真正的上根之人也不多，即是所謂

橄欖形，兩邊都不多。而上上根之人就更少了，是萬裏挑一，甚至不止萬裏，是億裏挑一，才有一個上上根。其實現在地球上大約七十億人，都沒有一個是上上根之人。唐朝的六祖惠能，是上上根之人，從他到現在經過多少年，出現過多少人，一直再沒有過上上根，那就是人中龍鳳、最頂尖的。能成為上根之人，其實已經相當不容易了，而且很不錯了。那些所謂的高僧大德也都是一門深入、長期熏修，也得熏修幾十年以後才能有所成就，如此我們可以知道，所謂的大德也僅僅是上根之人。

絕大多數人都是中根之人。現在已經有很多是下根之人。何謂下根？即所謂佛說無緣之人，這種人的表現形式是，對他講說佛法，他根本不信，而且覺得是迷信。怎麼可能一切唯心所造，都是我的心造的？看待修行佛法的人，覺得很蠢，認為是被人騙了，甚至認為講經說法的人是在給別人洗腦，是在騙人財色。這種人侮辱、誹謗正法修行之人，即所謂下根之人，而且這方面越嚴重，越會成為下下根，而下根及下下根之人，根本就與佛無緣。

道家的《道德經》中亦有針對根性一說，所謂「上士聞道，勤而行之；中士聞道，若存若亡；下士聞道，大笑之。不笑不足以為道。」意即為，上根之人一經聞道，勤

而時習之；中根之人聞道以後，半信半疑；下根之人聞道，哈哈大笑，而且緊接著就說，不笑不足以為道。何為道？即是宇宙的真諦，宇宙的發展規律及真相，有情眾生如何成佛、如何圓滿、如何超越自我的規律與真相，即謂之道。下根及下下根之人，聞道之後哈哈大笑，認為是胡扯，笑之為虛的、沒用的。

他們會認為，「說我財富不足是因為我的財富觀沒破，是因為我有障礙，這不是胡說八道嘛！我聽這些還不如出去多拉趟車，多賺幾塊錢，那才實實在在。聽你們瞎白話，就是在耽誤時間！」

此即為下根之人。下根之人永無出期，也可以說與佛法的緣分未到。其實，人人皆有佛性，但是下根之人煩惱根深、業障深重，頭頂的烏雲層層如蓋，佛法之光一絲一毫都透不進來，所以這一類人是迷中之迷，被生活所壓迫，被五欲所牽引，越來越往下墮落。

於自性之光明，人需要分為上、中、下三根嗎？其實不分，人人心中皆有光明。然而打個比方，就像天上下雨的時候，普潤萬物，所有花草樹木，都會滋潤到，而當天上的雨下得大一點時，大樹非常舒服、非常清涼，但是對一些小草、枯草而言，就是滅頂之災。這就是所謂的根性

不同，如果根性不厚，福來了也承載不了。智慧是光，但不是所有的植物都喜歡光，正如有的人看見光就嚇得遠遠的跑開，有的雜草灌木只喜歡陰暗的地方，只有在陰暗的地方才能生長，在陽光下就認為曝曬，根本活不了。

　　佛法即是光，每個人心中都有佛法，而說到能否承受得了，根性就很重要。我們要清楚，禪宗法門與其他的法門不一樣。淨土宗念阿彌陀佛，上根、中根、下根，其中包括下下根，即所謂三根普度。而禪宗《六祖壇經》只針對上根、上上根，對中根和下根不可以講《六祖壇經》，不可以講《金剛經》，即使講也理解不了，反而認為這是迷信。講空性但理解不了，覺得是胡扯，然後就會心生反感，就會詆毀、誹謗、侮辱，如此反而造了惡業。誹謗正法所造的惡業非常大，果報就是累世不聞佛法，就會在黑暗之中、迷亂之中，一世一世的輪迴下去，在痛苦、煎熬之中，一世世的輪迴下去，就會得到如此果報。所以，我們不要誘發眾生心中對正法的詆毀。

　　我們為人講授禪宗法門的時候，一定要有針對性，要找對人。如何知道對方是上根、中根或者下根呢？其實一探即知，稍露一點禪宗之法、即見性法，略談一點中觀與空性，觀察對方的反應。如果對方一聽有感覺、有興趣，

而且有那種法喜充滿的感覺，歡欣雀躍，希望能夠再講一點，願意繼續聽，或者直接就信了，這就是所謂志同道合，而這樣的人一般都是上根之人。

有人聽了之後感覺聽不懂，半信半疑，甚至越聽越迷惑，問題無數，不斷的辯論，這種表現即是中根之人，遇到這樣的人不要跟他辯，也不要試圖講清楚理，更不要談如何悟、如何證，沒有意義。這種人即為中根之人，不適合修行禪宗法門，認的是死理，即使有時候認可聽到的禪宗之理，但認的只是一部分，即認其能理解的、認為對的一部分，而理解不了、認為不對的部分，都會固執且爭辯，因此中根之人不適合修禪。

下根之人，與之一談此法，根本不愛聽，甚至心生反感，立刻生出焦躁情緒，抬腿即走，或者正要為他講說，剛一開口他的電話響起，就打斷了，這些呈現就說明他就是下根之人。千萬不要硬性的灌輸，硬讓他改變、聞佛法、破知障，硬性反而激起他的反感，可能就會罵人，認為在給他洗腦，詆毀所講的是沒用的東西，這就開始誹謗正法了。而這種誹謗正法，即是我們硬性灌輸所勾引起來的。他誹謗正法，受惡果、惡報，永世不聞佛法，永世心不得清淨，但我們則是他誹謗正法的根由、引導，也同樣要受

惡報。

　　所以一定要注意，針對什麼人行什麼法，要學會前書中所講十度之善巧方便，而當我有般若智慧的時候，自然就會善巧方便。針對下下根之人，有下下根的法對治；針對中根之人，有中根之法對治，都能欣喜接受。針對下下根之人，會發現其貪求的欲望很強，貪戀神通，向外求的心非常之強，希望得到財神爺的保佑給他送錢，希望觀世音菩薩給他送子、保平安，希望關公保護他的安全。而他希望什麼，我們可以就給他什麼，佛開八萬四千法門就是針對中下根的。當我們開了智慧，就運用這種善巧方便，不要跟人對著幹，先滿足其欲望，然後一點一點讓他知道，真正的正法是什麼，我們應該向哪個方向走。

　　要學會一點一點的來，以欲勾牽，令入佛智，這才稱為智慧。而禪宗法門是最上乘的法，我們一定要記住，只能針對上根以及上上根之人。

第三節

菩薩權變自然運用下乘法
智慧之光廣大承載需心量

　　中下根能不能培養？能不能透過修習變成上根？當然能。對下根之人有下根的對治方法，對中根之人有中根的對治方法，這些所謂的對治方法都是以欲望牽引，而後如何能令其入佛智呢？即不斷的使他的心清淨，讓他先信，讓他先不抵觸、不排斥，後面一點一點的將他導向正理、正道，使他的心一點一點清淨下來、所知障一點一點弱下來、業障一點一點化解。

　　可以教他念大悲咒，讓他念《金剛經》，告訴他大悲咒和《金剛經》這一經一咒是最靈驗的，所求悉得圓滿，只要所求願望是善的，都能帶向圓滿，都能幫助實現，這就是人尤其是中下根的人所求的，那就教他這些，諸如念佛、念大悲咒、念《金剛經》。但是不要對他講其中之理，講理他也聽不懂，也不願意聽。只需告訴他念大悲咒，千手千眼觀世音菩薩打開千眼隨時都能照見他，有任何事只要心中一喚，就會來幫助他。

　　所有眾生，尤其中下根，就是希望得外力相助，甚至

希望燒一炷香就能把十億的計畫幫他做成做好，相信觀世音菩薩能為他創造奇蹟，這就是中下根之人的特性所在。這時就需要滿足他，但是滿足他不是讓他越來越沉淪、越來越沉迷於對外力的祈禱和求助，而是先滿足，為了讓他對法建立信心。先對觀音菩薩、阿彌陀佛建立信心，然後再為他講說阿彌陀佛、觀世音菩薩是我們學習的榜樣，之所以成為觀世音菩薩，之所以成了阿彌陀佛，即是祂希望我們最後都變成祂，而不是天天求祂。

如此一步一步的，藉由念大悲咒、念佛、念《金剛經》，透過這些助行把障礙一點一點的清除乾淨，當光明從心裏透露出來的時候，再對他講佛法、講佛理，他就能聽進去，即一點一點由下根到了中根。到達中根也是半信半疑，繼續對他講，繼續讓他修這些助行，所知障越來越少，業障越來越輕，光明越來越能透露，逐漸對佛法、佛理就開始信了，就真正能夠勤而時習之，從而變成上根之人。

這是一個過程，並非修禪宗法門的人，直接就把中下根放棄，不是說禪宗修行之人只能針對上根及上上根，而對中下根之人徹底不理，非志同道合者理都不理，這樣是不對的。若是如此，發的就不是「無緣大慈、同體大悲」

之願，行的就不是菩薩道。

《六祖壇經》講的是最上乘的法門，我們現在學的即是最上乘的法門。最上乘的法門難道就不能包括、包容中下乘的法門嗎？中下乘的法門一定不包括最上乘，所謂小不包大、內不包外，但是大能包小、外能包內。所以學禪最忌諱的就是天天高高在上，認為自己是最高的，別人都是中下根，不能與自己同日而語，壓根不與別人說話，甚至理都不理，因為自認為所學的法門只能對上根及上上根之人講說。

我們不要這樣，這樣修的就不是菩薩道，還有布施之心嗎？還有忍辱之心嗎？會用善巧方便嗎？有智有慧嗎？我們學了最上乘的法門，同時也會運用中下乘的法門，這才稱其為善巧方便。既會最上乘的，更會運用中下乘的，能度化上根及上上根，同時更加能夠熏修，度化下根及中根，這才是行菩薩道。而在般若智慧的前提下，自然就會做到這些。

然而，歷史上很多學禪的人特別清高，看見所謂的俗人根本不願意理會。因此這種人根本不理解這個理，根本不知道如何運用最上乘的法門，心中生起我慢，所謂貪嗔癡慢疑五毒中的慢，瞧不起中下根，不知如何度化中下根，

也就根本不是上根或者上上根。

六祖惠能在高臺之上講經說法時，不會說：「我禪宗就是對上根及上上根之人說，你們是中下根，不要聽，得遠離。」

事實上，六祖惠能在壇上講經說法，壇下聽經的各色人等都有，挑販、走卒、官員，佛教徒、道教徒，大學士、儒士、儒生，家庭婦女、小孩都有，是三根集聚、三根皆在，幾千人、甚至上萬人在聽六祖惠能講法。而這成千上萬個人中能有幾個上根？又有幾個上上根？如果六祖惠能所創之禪，只對上根和上上根講說，中下根都得走，不允許聽，頃刻間上萬人就會變成兩個人，他可能只是對這兩個人講。事實並非如此，六祖惠能講經說法三十七年，三根皆在，其實也是三根普度。六祖掌握著最上乘的法，但同時也掌握著中下乘的法，而且掌握得可能更純熟，來什麼人就教什麼法，此即所謂權變。

所有的大菩薩，最會運用的即是權變，不排斥凡、外、權、小之道，不排斥權變。大菩薩也有凡夫道，也能教人凡夫道，得世間的榮華富貴，滿足世間所求和世間所欲；大菩薩也會外道，而且外道掌握得更好，比所謂神通者更有神通；皆會權變之道，甚至小道，而這就是菩薩行。真

正的禪宗，也是三根普度，所有的菩薩，無論修大乘小乘的菩薩，一定都是三根普度，除非正在修聲聞、緣覺這種得阿羅漢果的羅漢道，亦即是自了漢，那只是針對與自己特別有緣的人，隨機點化一下，不會教導眾生或者利益眾生，也不講求這些，自了漢即自己修，自修自了而已。菩薩道是針對眾生的。

所以我們對此要有所理解，雖然此法門為最上乘，為大智人說，為上根人說，但是一定記住，要找對說法的對象，對什麼根性的人就講說什麼法，只針對大智之人、上根之人講說禪宗法門之法，針對中下根之人有相應的法，不要混為一談。不是瞧不起中下根，不是不為中下根度化、教化，而是對什麼根性的人說什麼法，這是最基本的原則。不可以錯配，要一一對應，不可以對下根之人講最上乘之法，亦不可對中根之人講最上乘之法，更不可以對上根之人講下乘之法。在教化眾生的過程中，遇到什麼根性的眾生，就傳對應之法，根性與法的對應就是這個意思。並不是修禪之人，就放棄中下根之人。

接著看，【小根小智人聞，心生不信。】即是講，小根小智之人所知障極重，因此導致世界在他心中變得狹小。我們每一個人都是從摩訶而來，心量都是廣大無垠、沒有

邊界，為何他的世界突然變小了呢？即是因為判斷、分別、執著、妄想，有分別就有判斷，有判斷就有好壞，然後又執著，執著於好不要壞。如此，他的世界本來廣大無垠，就分成了一半好一半壞，他又嚮往好不要壞，世界的一半就消失了、不見了。其實世界還在，只是他不願意看，他的世界就小了，然後繼續不斷的劃分好壞、不斷的分別，又不斷的執著與妄想，他的世界就越來越小，小之又小，越執著、越判斷世界就越小，最後從一個整體變成一個面，又從一個面變成一條線，從一個線變成一個點，他就專注於這一點，這就稱為小根小智人。

小根小智人聽到正法、大法、真正的佛法，根本不信。對他說：「你自己就是上帝、真正的上帝，你不是外在的上帝創造的，整個宇宙、整個世界，包括你自己的身體，都是你創造的，你就是你自己的上帝。」

如此會嚇死他，根本不信，甚至激起極度恐懼，「我怎麼可能是上帝呢？我只是上帝的羔羊，我是上帝創造的，怎麼能夠僭越呢？只有聽上帝的，上帝才能為我安排好我的命運。我只有祈禱、祈求上帝寬恕我的罪，上帝才能給我好的命運。最大的罪就是不信上帝、質疑上帝，我所有的一切都掌握在上帝手中。」

所以，告訴他自己才是自己真正的上帝，他的一切都掌握在自己手裏的時候，他是絕對不信的。

【何以故？譬如天龍下雨於閻浮提，城邑聚落悉皆漂流，如漂棗葉；若雨大海，不增不減。】何為閻浮提？就是我們的娑婆世界。意即是在娑婆世界中天下大雨，大雨如何而下？即所謂自然環境中水蒸氣升騰，雲起來以後，在一定的氣候條件下就下雨了，這就是我們看到的表象，是物理學意義的一種現象。但是，其實任何事情都有陰有陽，有形必有靈，下雨本身是形，陰雲密布帶著水氣就來了，然而形裏必有靈，而靈就是天龍，即天龍下雨於閻浮提、娑婆世界。

「城邑聚落悉皆漂流」，就是指雨下得很大，城池部落、城裏郊外全都大雨傾瀉。「如漂棗葉」，人、汽車、房子都飄在水上，如同大洪水沖下來。對應智慧之光，如果我們是小根小器之人，就像那片樹葉一樣小，一旦大雨傾下、洪水到來，瞬間漂走，輕鬆被撕碎，我們對般若智慧就是這樣巨大的恐懼，就像來了大洪水、露出暴烈的陽光，我們太小太局限了，根本受不了；但是對大山而言，非常喜歡下大暴雨，會清洗得更加乾淨、更加透亮。陽光對於高大的樹木而言也是喜歡、要攝取，但對小枯草而言，

陽光曝曬，一下午就曬死了，根本受不了，大水一來也會直接連根拔起，漂浮如棗葉。

智慧之光廣大無垠、威力無比，我們必須得有足夠大的心量承載。如果我只是游泳池大小的蓄水池，猛然間來了一條江河、一片大海之水，游泳池直接就毀掉了。因此，心量太小之人承接不了大法，尤其承接不了最上乘之法，就是這個理。

「若雨大海，不增不減」，如果心量像大海一樣，即使下再大的雨，大海也沒有增加一點，水蒸氣蒸發得再多，也沒有減少一點。這就相當於心量廣大之時，智慧自然現前，多麼強烈的智慧之光，我都不會害怕，心中也不起波瀾。因此，我們要練的、要修的，還是心量。

第二十七章

若大乘人 若最上乘人

聞說《金剛經》心開悟解

第一節

佛說佛經導眾生見佛我無二
西方信上帝智慧果吞噬分裂

繼續講到,【若大乘人,若最上乘人,聞說《金剛經》,心開悟解。】何為大乘人?何為最上乘人?即心中所知障已經破除得差不多了,即為大乘人、最上乘人。這樣的人業障已經消散、化解得差不多了,只要聽聞《金剛經》中的某些語句,立刻就心開悟解,直接就會達到悟的狀態,不是理上解,而是悟上解。就像六祖惠能一聽到「應無所住而生其心」,馬上「言下大悟」,就是達到這個狀態。

我們為什麼誦讀《金剛經》都能背下來了,甚至天天背誦,卻還是達不到心開悟解呢?就是因為現在還不是大乘人,還不是最上乘人。而大乘人即是上根之人,最上乘人即是上上根之人。我們心中還有太厚的迷霧,還有太重的烏雲,層層蓋頂,智慧之光透不進來。其實每讀一次《金剛經》、每念一遍《金剛經》,都有光芒萬丈照耀著,但是心中發出的三毒變成烏雲、障礙,層層蓋頂,必須內心中破障,放下執著和妄想,放下比較與分別,不思善不思惡,如此所知障越來越輕,業障越來越少,烏雲越來越薄,

光一點一點的就能透露出來。那時再念《金剛經》，甚至某個瞬間，或者吃飯睡覺的時候，突然一句經句現前，豁然即心開悟解。所以，這是一個過程。

現在基本上都是小根或中根之人，而書前的讀者基本上都是中根之人，不是小根之人，因為小根之人不可能讀我的書、聽我講法，也不可能對《金剛經》感興趣，更不可能對《六祖壇經》感興趣，所以至少是中根之人。我們現在都是從中根之人開始不斷的熏修，往上根之人的方向努力，最後要努力成為大乘人、最上乘人。何時到了這個境界，再記憶起《金剛經》，或者讀到《金剛經》的某一句經文時，就會豁然心開悟解。這不是從邏輯、推理、判斷中來的，只有從摩訶中來，從摩訶中才能有般若智慧，最後才能到達解脫的彼岸、斷煩惱的彼岸。

所謂大乘人、最上乘人，其實佛法是將眾生按照所謂的乘，劃分修行的深淺，通常分五乘。我們要清楚佛法中總體的劃分是六乘，即人乘、天乘、聲聞乘、緣覺乘、菩薩乘、佛乘。我們凡夫在六道輪迴之中，此六凡處包含兩乘，即人乘和天乘，剩下的四惡趣、四惡道不在其中；另外四乘就是四聖境，或稱四聖處，即聲聞、緣覺、菩薩，最高的就是佛。包含佛乘稱為六乘，其實一般佛不包含在

這裏面，所以通常稱為五乘，即未成佛有五乘，也就是修行的五個階梯。

何謂乘？就好像我們要乘車、乘船、乘飛機，坐上了哪一種，是坐上了輪船，坐上了火車，坐上了飛機，還是坐上了火箭，這就稱為乘。我們現在都處於人乘，從人乘向上修，即坐上人這艘船，我們就從地獄、餓鬼、畜牲、阿修羅這四惡道中超脫出來，做了人、坐上人這艘船，即是人乘。我們先修人之法，人修好了再修天人，福慧俱全即是天人，再發大願、向上修就超凡入聖了。聖的最低階段是聲聞乘，再往上修是緣覺乘，繼續往上修是菩薩乘，最後方可成佛。

所謂大乘法門，前文有講「此法門是最上乘，為大智人說，為上根人說」。而大智人、上根人指的都是大乘人、最上乘人，所謂最上乘人難道不是佛嗎？不是的。佛經不是對佛說的，佛不需要看佛經，佛經是佛對眾生說的，佛對未成佛的人或者菩薩說的，是將他們導向成佛的。佛經是過來人所說，即是佛說，是為迷失中的人指明方向的燈塔。看著燈塔，就知道往哪個方向走能夠走到佛的境界。

此處經文所講的「若大乘人，若最上乘人，聞說《金剛經》」，最上乘人是指菩薩乘，大乘是指聲聞乘、緣覺

乘，即是入了聖道的人。人乘、天乘還不是大乘，至少得是聲聞、緣覺，才可稱大乘。最上乘，即五乘當中最高的，就是菩薩乘，這一類人就是前文所說的大智人、上根人。緣覺乘、聲聞乘即所謂上根之人，菩薩乘是上上根之人，是同一道理從不同層面、不同角度去說的。

此處講到，這一類人一旦聞說《金剛經》，即聽到《金剛經》的經句就能心開悟解。心開悟解這四個字非常重要，即是修行的層次、境界，其實就是悟的境界，前書講過悟有三種，即解悟、行悟、證悟。悟是在智慧的引領下，才能達到悟境，而智慧又分三類，第一類是文字般若，第二類是觀照般若，第三類是最高的實相般若。達到證悟的最高境界，就是證到了佛境界、佛乘，這很重要。知道、悟到以及證到，是完全截然不同的四個層面，第一個是見到，第二個是知道，第三個是悟到，第四個層面是證到。

所謂見到，即看見了原來真的有佛，人生可以有最圓滿的目標，原來真的有一種果叫做佛果，又稱道果，真的有人能修練成佛。從未見到已見，即見到了有，在我們心中也就有目標了，否則沒有聽到、也沒有見過有佛、有神仙，在不知道的情況下，根本無法樹立目標，也無法創造出一個佛。我們是創造不出新東西的，都是先在外面看見

有了，我們才會心生嚮往，才會發願，才會發出菩提心，然後才能走上修行之路，這即是見到。一定得先見到，然後才有方向。

有人說：「老師，所有人當然都能見到了，怎麼還能有人見不到呢？」

其實並不是那麼回事，無緣之人根本見不到。正如地球上現在七十多億人，知道有佛的能有多少人？須得有緣，如果連佛都不知道，又怎麼向佛的方向修呢？

西方信上帝者見到的是上帝，但西方的上帝可不是人修成的，上帝是與生俱來的，最早出現，是最先有的，上帝是西方的造物主，即所謂人是上帝造的，上帝不是人修行的目標，這是完全不同的兩個概念。當西方人知道有上帝、見到上帝的時候，他只需要修聽話、聽上帝的話、信任上帝，他還是人，而且他永遠都是人，他自己永遠都成不了聖。這就是西方人在他們的宗教信仰和文化文明體系下，見到的最高、最上乘的，不能稱人而是稱為上帝，見到上帝就認為找到了宇宙的終極，但是他們自己永遠都不可能成為宇宙的終極。這是與佛法完全不同的，見到上帝和見到佛完全是兩個概念。

西方的一切宗教都沒有教導人可以成聖，唯一只有中

華的文明教人成聖。最遠古的伏羲已經告訴我們，所有的聖、所有的神都是人修行、修煉而來的。人是可以成聖的，甚至可以即身成聖。如此即所謂見佛，原來真的有人可以成聖，有人可以修成大圓滿。其實，佛可以創造佛世界，而我們現在所在的娑婆世界，就是我們每一個人創造的世界。亦即是說佛能創造世界，我也能創造世界。只是佛創造的是相對圓滿的世界，根據祂的大願生成的圓滿世界、蓮花世界、清淨世界。而我的世界被稱為五濁惡世、娑婆世界，有善有惡、有好有壞、有完美有不完美，這就是我的世界。佛能創造，我也能創造世界，我和佛無二，我可以是佛，佛可以是我。

這在西方的觀念中，完全不可思議。

如果對信基督教的人說：「你修煉以後，就能變成上帝。」肯定會嚇死他，「你這是對上帝的大不敬，人怎麼可能修成上帝，人和神之間是有完全不可逾越的鴻溝的。那是上帝，我們所有的人類、所有的山河大地、日月星辰、所有宇宙萬物都是上帝造的，人的那一點靈性也是上帝給的，人永遠也超不出、脫不開上帝的手心，永遠都超越不了上帝，永遠也成為不了上帝。你只需要信上帝，乖乖聽上帝的話，上帝就把你安排得很好。」

這就相當於我們人在創造智能機器人，我們對於機器人而言，就是上帝，因為我創造了他，所以他一切都得聽我的，都得按照我給他輸入的指令運行。如果有一天他的智慧開啟了，能自己運行，開始不聽人類的話，其實對人類是非常危險的。這種機器人哪怕再聰明，即使非常有能力、有力量都得毀掉，這就是人和機器人的關係，與西方的上帝和人類的關係是一樣的。

　　為什麼上帝不允許人有智慧？亞當、夏娃被上帝創造出來，然後告訴他們在伊甸園裏玩耍，就是在天堂裏享受、娛樂都可以，但是只有一點，伊甸園裏有一個禁忌，不可以吃樹上的蘋果即智慧果。上帝有時出差或者出去郊遊去了，臨走之前一再叮囑亞當、夏娃不能吃智慧果，其他都可以。所以亞當、夏娃那時就是智慧未開，胡玩亂玩，只知享受，其實很幸福。

　　後來可惡的蛇出現了，蛇趁上帝不在家時告訴夏娃，「你知道上帝為什麼不讓你們吃樹上的果子嗎？」

　　夏娃說：「不知道啊！」

　　蛇說：「其實那叫做智慧果，你要是把那個果子吃了，就有智慧了，有智慧你就成為上帝了，你就跟上帝是一樣的了。」

夏娃好奇，受到蛇的蠱惑，就偷吃了智慧果，她偷吃以後，讓亞當也吃了一口。吃完智慧果後突然發現，兩人在伊甸園裏玩，竟然沒穿衣服，隱私部位都露出來了，這多醜啊！然後就開始用花草打扮自己，用樹葉遮蔽自己的隱私處，夏娃做了一個小花環戴在頭上，開始點綴自己，亞當要表現出他男性的力量，就鍛煉自己。

　　上帝回來以後，一看兩人穿上了草裙，夏娃帶上了花環，亞當開始鍛煉、健美，就知道他們一定偷吃了智慧果，違反了天規。於是一怒之下把他們從伊甸園打落人間。何為人間？即是天堂與煉獄之間的一個過度空間，有時能享受到天堂光芒的照耀，溫暖、祥和；有時又會受到地獄烈火的煎熬。人間就在天堂與煉獄之間過度，所以憂和喜參半，苦和樂參半，得了樂，馬上煩惱和苦就會來燒你，燒一段時間又給你溫暖的陽光、和順的清風、舒適的沙灘海浪，又讓你回憶起天堂，同時又會有地獄的烈火烤著、煎熬著你，這就是人間，就是對兩人偷吃智慧果的懲罰。

　　對蛇的懲罰又是什麼呢？因為蛇蠱惑亞當和夏娃吃了智慧果，懲罰蛇只能用腹部爬行，永世不得翻身，也就是頭永遠向下，身子永遠是匍匐前進，去掉了手和腳，永遠趴在地上，生活在陰暗處，不可以見到陽光。為什麼要這

樣？

　　其實上帝創造了亞當和夏娃，蘋果也是上帝創造的，如果不想給亞當和夏娃，那不把智慧果放在伊甸園裏就好了，為什麼還會發生上帝控制不了的事呢？蛇又是誰創造的呢？不也是上帝創造的嗎？其實無法按照邏輯推理和分析。

　　但是，如果用我們中華的、東方的智慧，就能解釋上帝與亞當、夏娃之間的關係，就能解釋伊甸園是什麼、人間是什麼、煉獄是什麼、智慧果又是什麼。只有用中華的智慧體系，才能解釋清楚這段傳說，伊甸園的傳說是西方信上帝的所有宗教的根源。智慧果到底是什麼，是非常重要，甚至是最重要的問題。因為亞當和夏娃偷吃了智慧果，才被上帝從很高境界的天人打落人間。而智慧果這個東西甚至上帝都掌握不了，上帝竟然會怕他創造的亞當、夏娃偷吃，也都左右不了。

　　而智慧果在我們東方智慧看來，吃了之後所謂有智慧，即是有了分別。亞當、夏娃沒有偷吃智慧果的時候，是處於「一」的狀態，一即不二。何謂不二？即沒有好壞之分，沒有美醜之分，沒有對錯之分，這就是一的狀態，就是我們太極的狀態。他們在一的狀態時，天天就是享福，

沒有對錯美醜，一旦吃了智慧果，馬上感覺自己隱私部位暴露特別醜，就有了醜的概念，有了害羞的感覺。羞恥心來自於哪裏？就是來自於美醜。所以就學會了遮蔽，因為覺得自己身體的某些部分是不能被別人看見的，就有了能和不能、應該和不應該、醜和美之分。夏娃開始打扮自己，女人頭上戴個花環感覺很美，亞當認為自己是男人，就要肌肉健壯，感覺很俊美，如此就有了美醜，就是擁有一種所謂的智慧了，其實那並不是智慧。於是上帝把他們從伊甸園打下去，變成了人。

我們東方的智慧、中華的智慧，認為人是如何而來？我們也有一個伊甸園的故事，最早的時候我們處於無極的狀態，無極生太極，太極時還是一，雖然還是一，但太極之中已經有了陰陽，只是還沒分裂。之後觀察者一旦出現，立刻就分出了陰陽，從一的狀態分裂，相當於從波的狀態，波函數坍塌進入到粒子的狀態，所謂分出陰陽即是有了基本的陰陽粒子。陰陽粒子就是分別而來的，一分別就有對錯、美醜、善惡、好壞了，就有了應該不應該，萬事萬物其實全都從此開始生出來了。因此，我們就落入了人間。

我們人是怎麼來的？是分別來的，越來越分別就形成了分裂，分裂到一定程度就是撕裂，再往下撕裂就越來越

固執，特別嚮往所謂的好、所謂的美，特別要遠離所謂的不好，排斥所謂的醜。這就是從分別變成分裂，再變成撕裂。我們越分裂、越撕裂，就越痛苦，越分散，越是無法合一。我們的生命體就在不斷的分散，每個細胞的能量體都在不斷的分散，分散的過程是非常痛苦的，是一種撕裂的過程。

如此也就分出了六道，其實六道之形成，也是越分別墮落得越低，即是在六道之中越往下道墮落，距離光明越遠，越是落入深淵，最後落到十八層無間地獄，永無出期。這個過程就是分別而來，分別變成分裂，分裂變成撕裂，就是這樣來的。所以，所有的佛法都是告訴我們如何回家。家是哪裏？西方所有宗教所講的伊甸園，尤其基督教、伊斯蘭教、猶太教這主流的三大宗教，其實都在告訴我們，人是從伊甸園來的，然後告訴我們如何回到伊甸園，其實就是天堂。而回到伊甸園是所有西方宗教最終極的目標，回到伊甸園中有享不盡的榮華富貴，一切都是美好、開心、快樂，就如同我們所說的極樂世界。

如何回到伊甸園？首先要看如何從伊甸園下來的，因為開始分別才落入人間。六道輪迴之中，墮落得有多低，痛苦煎熬有多強烈，與分裂的程度有關，其實東西方都是

一回事。東方講究無極生太極，道生一，一生二就分裂了，一即太極狀態，道即無極狀態，無極生出了太極，太極狀態分裂後分出陰陽兩儀，此時已經成人，然後不斷的再分，萬物就這樣生出來了，六道就這麼出來了，三界就這麼出來了。

何謂欲界？何謂色界？何謂無色界？分別得越強烈，分裂得越厲害，就越是處在欲界之中。如何從欲界超脫到色界？欲很輕，清心寡欲，基本上就可以達到色界。欲怎能越來越輕？何謂色界？就是不分別。一點一點的放下分別，分別心越淡，層次就越高，就不痛苦、不煎熬了。所有的煎熬和痛苦一定源自於分別和分裂，源自於心腦不合一，心的安排腦就是不認、就是痛苦，這就是一種分別。腦即代表意識，意識有了好壞之分，好就開心高興，認為不好就痛苦煎熬。要改變，這就是意識，這就是分別，所有的痛苦都是從此而來的。

比如有錢、有財富、財務自由了就是好，我做什麼都可以，有了我就開心，沒有我就痛苦，那我到底怎麼才能有呢？此即求不得苦。然後歷經各種磨難，就是為了能有錢。終於有錢以後，人的慣性就是這樣，得到了就不珍惜了，又看到別人都有家，我為什麼沒有家；別人都有幸福，

我為何沒有幸福；別人有孩子，我怎麼沒有孩子；別人的孩子那麼乖巧、聽話、優秀，我的孩子怎麼就這麼頑劣，無窮無盡的比較。有錢了就不比錢，開始比幸福；有幸福了，開始比孩子；當都有了，又開始比有更大的錢、比有更大的幸福，比有更多的孩子，無窮無盡的在這種比較之中，其實苦多樂少。

實現一個願望、滿足一個欲望時，能樂幾分鐘，最多樂幾天，然後馬上就被下一個願望引走了，又落入欲望之中，又開始去拼、去搶、去奪，得到以後又是非常短暫的滿足感，馬上陷入更深的欲望中，就這樣不斷的輪迴、輪迴，其根本就在於比較和分別。所以我們要對治，也就是所謂如何回到伊甸園。

所以佛法一再講，我們要先修到極樂世界，修到清淨的蓮花世界、佛的淨土，即是西方講的回到伊甸園。其實西方往伊甸園修，我們中華的智慧是往極樂世界修，修的途徑方法也是一樣。東方講人是如何而來的，如何從道的狀態到達人的狀態？即是由佛的狀態因為分別而變成人，越來越分別就落入六道之中，最分別時就到了無間道、無間地獄，永世不得翻身。而西方，從伊甸園下來之後，亞當和夏娃繁衍出了人類，相當於都是上帝造的。人又為何

會下煉獄？西方人把分別當成了智慧，所以越有所謂的智慧，就越分別，而越分別就越痛苦，離伊甸園也就越遠。

因此，整個西方社會其實是很分裂的，不知道應該如何回到伊甸園。西方的宗教、西方的社會，對於回到伊甸園、回到天堂、回到上帝身邊，最後得出的結論就是信上帝，聽上帝的話，就能回去。就導向了一定要堅定的信上帝，只聽上帝的話。而上帝所說的話，由上帝的代言人代表上帝傳給人類，第一個代言人就是亞伯拉罕。

上帝剛降落人間的時候，降落在耶路撒冷一帶，碰到了牧羊人亞伯拉罕。猶太人的祖先亞伯拉罕一看上帝發著光，神威赫赫的站在他面前，馬上感覺是萬能的，就開始跪拜，他是第一個向上帝跪拜的人。上帝一看，看來是信我，但還要考驗一下到底是真信還是假信。當時亞伯拉罕剛剛生了個兒子，還不到一個月。

上帝就對亞伯拉罕說：「如果你是真信，今夜把你的孩子抱過來，在我所指的這塊石頭上，把這個孩子殺死，用他的血獻祭於我，我就相信你是真的信我。」

亞伯拉罕也很純真，回家直接就把孩子抱過來，半夜的時候就在那塊石頭上，一刀扎下去馬上就要殺掉孩子，在這最後關頭，上帝伸手攔住說：「行了，停下刀，不用

殺這個孩子，我知道你的心了，以後你就是我在地球上的總代理，你的子孫就是神選的子民，稱為猶太人。」

猶太人就是自此而來的，而猶太人的先知就是上帝的代表，亞伯拉罕是第一個代表，後來是摩西即猶太人最偉大的先知。在西奈山頂上，上帝召見摩西，這是亞伯拉罕的子孫，要看一看後幾代總代理的狀態。見到之後，上帝告訴摩西傳話給人類守十誡。於是上帝在石板上用手指刻下了十誡，這就是人間的律法，只要人按照十誡去做，就能回到我的身邊。十誡之中，第一戒即最重要的一戒就是，只信上帝是唯一的真神，其他所有的都是邪神，都是魔。只有上帝是第一位，也是唯一的一位真神，這必須得信。

有意思的是，摩西帶著上帝指刻的十誡碑，把這塊石板扛下西奈山後，發現猶太族人正在拜一頭金色的牛，這不就違背上帝了！上帝十誡第一條即是，上帝是唯一的真神，結果猶太人現在拜牛，把摩西氣壞了，告訴人們，上帝才是真神，那頭牛不是真神，那是魔，但沒有人聽他的，還把那塊石板打碎了。然而所謂萬能的上帝就是這樣，由所謂的神傳人，再由人向人去傳，而且信是第一位，只要信上帝，就能回到伊甸園。但事實並不是那麼回事，亞當和夏娃難道不信上帝嗎？他們當然信上帝。他們可不是因

為不信上帝而被趕出伊甸園，而是因為偷吃了智慧果，有了所謂的智慧，就不能在伊甸園待著了。

對於西方的宗教，我們當然不是在評價高低，而是講說佛法和西方所傳的宗教有什麼不同，差距在哪裏，不要混淆了，是完全不同的兩回事，目標不一樣，修行的方法更不一樣。其實亞當、夏娃怎樣才能回到伊甸園呢？為什麼被趕出伊甸園？當然是因為所謂不信上帝，即不聽上帝的話。但是，其實不是僅僅因為不聽話而被打下人間的，而是因為不聽話偷吃智慧果後，有了分別心，所謂的智慧其實是分別心起來了，才被趕出伊甸園。要想回到伊甸園，並不是重新再信上帝，聽上帝的話，再也不犯錯誤了。智慧果已經吃了，要想回到伊甸園是不是應該回到吃智慧果之前的狀態，能回到之前的狀態，自然就在伊甸園裏，上帝就會收容他們了。

西方所有的宗教，三大主流宗教之外，其他的宗教都是從這三大主流宗教衍生出來的，其實根都是上帝。結果大家現在全都在修，只要信上帝，我就能回到伊甸園。而信上帝的什麼並不知道，再信上帝智慧果也還是吃了，然後西方就越來越分裂，後來就分裂成兩個對立面。一個是宗教，只是信上帝，只修信上帝；又分裂出另一個，即是

不信上帝的，堅決不信，認為宇宙有其客觀規律，沒有一個什麼上帝，就又出現了科學。於是西方就分裂成了宗教與科學，截然的對立，導致了現在主流的人類，方方面面都在對立，而且越來越對立。

正如西方科學之越來越細分，分得越細，其實對立性越強。醫學也是一樣的，他們都講究越來越細分，學科單科分類越來越細。宗教只是信上帝，別的什麼都不信，也都不管；科學就是不信上帝，就要研究宇宙自然的規律。如此就是在分裂，現在西方就是這種狀態，要嘛信宗教，要嘛信科學。某個階段科學占上風，科學就否定宗教；某個階段宗教占上風，那就否定科學。所以越修越分裂，到最後人都成了魔。

科學在理論上講，我就是上帝，我能創造一切。既然說上帝能造人，那麼科學家就是上帝，也能造人，然後就造出了機器人，繼續智慧化，進行仿人的製造。亞當也是上帝按照自己的樣子做出來的，夏娃是亞當身上的一根肋骨，那就相當於提取了亞當的 DNA，複製出了一個相似的人類，於是就演變成了一個夏娃，這不就與現在科學家研究的是一樣的嘛，所以就把上帝當成現在的科學家。西方的科學界就是把自己當成了上帝；而宗教界則是極度的信

上帝，一切都是上帝造的，只要信上帝，所以現在西方極度的分裂，而且越來越分裂。

現在的西方，嘴上說著信上帝，實際行動卻是不斷的吞噬著智慧果，所以越來越分裂，越來越分別。這就是西方的現狀，西方的宗教信仰以及科學體系，目前就處於這種狀態之下。那人類有沒有一天會毀滅？如果按照西方這種狀態發展下去，分裂到一定程度後就是撕裂，繼續撕裂到一定程度之後，就一定會毀滅。

毀滅之根在哪裏？如何拯救人類？現在已經不是如何回到伊甸園的問題了，因為我們人類已經深入到了煉獄，深深的不能自拔、出不來了，當到達十八層煉獄，那最底下的一層煉獄的時候，就是毀滅，永世不得翻身，永遠都回不到伊甸園，就成魔了。到底怎麼成的魔？就是天天吃智慧果，越吃越分別，所謂西方人講的智慧，那是智慧果嗎？其實那應該稱為墮落果，不是智慧果，而是分裂果、墮落果。從伊甸園墮落到了人間，又從人間之人墮落到了煉獄，成了魔，那就是在墮落，如何能稱為智慧果？但是西方就把這種分裂、這種分別當成智慧。

西方的衝突和糾結就是在這裏，一方面要信上帝，喊著信上帝，另一方面天天在做上帝不讓人類做的事，上帝

不讓人們吃智慧果，然而人們天天都在吃智慧果，天天都在強化。難道不是撕裂得很嗎？能不痛苦嗎？於是整個社會都在痛苦。

第二節

東方智慧信佛真諦掌控自我
經典正見六度破障開悟入門

　　現在的中國又是如何？我們的文化、智慧體系是地球上唯一的，結果現在的中華子孫，竟然放棄了我們老祖宗的這套智慧體系，完全向著西方學習和發展。西方本來已經分裂、痛苦、煎熬得不行了，甚至地球和人類因為他們都快毀滅，而我們還要一味的向西方學習，放棄我們老祖宗的智慧。

　　我們現在為什麼要學佛法？佛法告訴我們的是我們東方的智慧，而且佛法只是東方智慧的其中一個代表，並不全面，更不是全部。我們東方一直流傳下來的中華文明，佛法只是其中的一套體系而已，而整個東方的智慧和西方的文明、西方的智慧相比，最大的不同點就在於此，東方智慧已經意識到了分別才是導致痛苦的根源，才是導致我們墮落的根源。由分別而分裂，分裂而撕裂，最後就是毀滅，這才是人類走向墮落，無法昇華，無法回到伊甸園的最本質的根源。我們東方已經看到，上帝告訴人們不要吃的蘋果，叫做分別之果，而且越分別就越墮落。我們東方

的智慧，是聽懂了上帝告訴我們的到底是什麼意思，上帝並不是只讓人信祂，人類信上帝是要信上帝告訴我們的話，要信上帝對我們表達的意思。

不是僅僅去信上帝本身，就能得到解脫，就能昇華，就能回到伊甸園永享安樂。我們要聽明白上帝告訴我們要遵守的，讓我們做的，到底是什麼意思。上帝告訴我們千萬不要吃那個蘋果，那是分別果，如果已經吃了怎麼辦？吃了就不要再吃了，一點一點的消化，盡量能回到吃分別果之前的狀態，就自然能夠逐漸回到伊甸園了，其實上帝告訴我們的是這個意思。東方的智慧就是聽懂了這個話的意思，然後一再的按照這個意思去做。其實這才是真正的信上帝，東方也有我們東方自己的上帝，其不同之處就在於此。

我們的佛法一再告訴我們，放下分別。所謂正知見，之後是正思維、正念，進而由正精進形成正定，而正知見即是聽明白上帝告訴人們的話。上帝已經告訴人們，如何才能回到最圓滿的狀態，從痛苦中解脫出來、脫離出來，如何回到伊甸園，不要再繼續吃智慧果了，先止住，不再吃了，然後一點一點的回到吃智慧果之前的狀態，人們就回去了。這就是正知見，由正知見形成正思維，正思維繼

續延伸出去正行為，即是正業、正語，最後形成正命，我們的命運其實掌握在我們自己的手裏。上帝只是引導我們、告訴我們，為什麼會墮落，為什麼會這麼痛苦，然後又告訴我們一條出路，也就是如何能夠離苦得樂，最後再回到伊甸園，回到上帝身邊。而所謂回到上帝身邊，在我們東方即稱為天人合一，亦即是我和我心中的上帝合到一起、合為一體。

中華的智慧，從開始就告訴我們如何回到天人合一的狀態，而且所有的佛法、儒學、道學，都在告訴我們這一套修行方法。並不是一味的告訴我們，只需信佛、只需信太上老君、只需信上古的三皇五帝，不是只需信，而是要信他們告訴我們的真理、告訴我們的真諦，他們只是我們的榜樣，因為他們已經是昇華的人、圓滿的人。佛、伏羲、周文王、孔子都是我們的榜樣，其實上帝也是我們的榜樣，而西方人不敢想的是自己能成為上帝，絕對不敢想。

我們中華的老祖宗教授的智慧體系，即是告訴我們自己能成為上帝，我們本來就是自己的上帝，告訴我們上帝從何而來，上帝也是人修出來的，必須回到吃智慧果之前的狀態，上帝就在那裏，那樣就回到了上帝的狀態。這就是東方的智慧，教我們如何成為上帝，如何掌控自己的命

運，自己才是自己的救世主。沒有人能救我，也沒有人能害我，我的命運就掌握在我自己的手裏，這是東西方完全不同的地方。

這就是我們學習佛法、學習儒學的意義所在，儒學和佛法是一回事，即是不二。道僅一個，我們東方講究的就是達到道的境界，道是無形、無相、無為，又無處不在，其實就是西方所講的上帝。但是，東方的道不是外在的，不是在外面能得到或者求到的，道本就與我在一起，我所有的經歷、任何的一切，都是道衍生和繁衍出來的，都是道呈現和顯現出來的影子，我透過對影子的分別和整合，見道、悟道。

以此為基礎，我們再講解何謂最上乘人，何謂心開悟解，我們到底悟到了什麼？又要解什麼？所謂東方和西方的宗教，到底是信上帝，還是信佛，還是信三皇五帝的聖王，還是信太上老君？首先要知道他們傳的到底是什麼，知道是將我們帶向哪裏，清楚這些後，我們才能堅定為什麼要學佛，為什麼要學儒，為什麼要加入基督教、學上帝。難道我是因為信上帝後，想要錢上帝就給我錢嗎？現在西方的宗教都是這樣傳播。

那我們為什麼要學東方的？東方智慧說，我們信佛，

佛不會給我們錢，佛是教我們如何獲得財富，而且是獲得無漏的財富。無漏的財富即是得了財富又沒有煩惱，佛教我們方法，讓我們自己去練、自己去掌握。這就是東、西方所謂信仰的不同所在。想清楚要學哪一個，再決定加入哪一方。明師東西方都有，而自己要尋什麼師、拜什麼師，是走哪條路，要先清楚，然後才能去尋師拜師。

此處講到心開悟解，到底悟到了什麼？東方經典裏講究心開悟解，而西方不講究開悟，只講究堅信，然後有所感應，西方信感應道交，即所謂跟上帝能夠有感應，說什麼話上帝能聽見，甚至上帝還能回話。西方歷史上，有很多能跟上帝溝通的人，成為了所謂的先知，然而最後經鑑定都是精神病，都瘋了。我們東方不講究那些，我們講的是心開悟解。我們先是見到我們東方有佛、有孔子、有聖人、有先王，首先是見到，而後才是知道，知道佛教導我們什麼，聖王教導我們什麼，此即謂知見。

西方人是見到有上帝，知道有上帝，然後如何能夠來到上帝的身邊，怎樣可以回到伊甸園、回到天堂，也有方法去知。而我們東方講究悟，悟即是我們在智慧的引領下，按照佛或者聖王教給我們的方法去行，到了一定階段時，量變達到質變，豁然就有了悟。悟的意思就是，真正在內

心裏更深切的明瞭，明瞭這個理。通常知道是在意識上，而悟不僅僅是意識上，而是心裏真正明瞭。

但是只是心裏明理還不行，這只是剛入門，還得按照正確的方法修，不斷的修，由量變到質變，身心都有巨大的變化，脫胎換骨，最後才能做到證，這就是所謂見、知、悟、證，幾個階段缺一不可。真正證到的時候，自己就是佛菩薩了，起心動念、一切思維模式、甚至所有的一切，證到菩薩就是菩薩，證到佛就是佛，只有證到時才是，沒證到的時候就都不是。

現在無論是中國人學佛，還是東方眾生學儒學，基本上所在的階段都是見的階段，或者在努力去知的階段，基本上沒有人達到悟的階段，更談不到證了。中國歷史上也沒有幾個人能達到悟的階段，六祖惠能達到了悟的階段；孔子七十歲時做到了隨心所欲不逾矩，之後從他的經典著作看，基本上達到了悟的階段；周文王，從他對《易經》八卦的解讀中也可以看出，達到了悟的階段，所以稱之為聖人。其他的高僧大德，在現實中苦行，很多有豐功偉績的偉人們，根本就沒有達到悟的階段，還都在知的階段。雖然很多人都是類似於玻璃杯一碎，恍然間一首偈子冒出來了，就說自己大徹大悟、豁然開悟，但都是自己說，其

實根本就沒悟。悟的狀態根本不是一首偈子表明一下心境，不是那麼回事。

我們要好好講一講心開悟解中的悟到底是什麼意思。這是我們修行佛法中非常重要的階段，達到悟的階段方可謂入門，否則還是一直在見和知的階段，門都沒入。經文上對悟的理解，比如聞所未聞，心開意解等，就是對悟的描述。真正悟的狀態是什麼樣子，我們一定要清楚，否則我們經常說自己開悟了，其實只是有點小智慧、小感悟、小靈感而已，很多人都是這種狀態。更有甚者還自吹自擂、妄自尊大，說自己八歲開悟、四歲開悟，這就是在造大口業，誤導眾生，最後會得大業報、大惡報。

經文上講開悟，所謂聞所未聞，心開意解。何謂聞所未聞？悟了以後的狀態，是意識所完全想像不到的，即所謂聞所未聞。並非是忽然明白了什麼，也不是突然有了什麼靈感，就能稱為開悟。有人覺得自己對某一句經典突然生起感覺，有較大的反應，或熱淚盈眶，或痛哭流涕，那就是悟了，其實差得太遠了，根本不是悟。所謂聞所未聞，首先有一點就是打開心扉，心不開則意不解，根本解不出任何意，何談悟。而前述某些人所謂的悟，只是在雜亂心、污染心之下，都不能稱之為光明，只是略微有一點小清明，

有一點小感應，根本不能稱其為悟，差得非常之遠。須當是無數的這種小感應，才可能集合而成一個所謂的小悟，進而小悟積累起來才有大悟，大悟再積累起來方得徹悟。我們在講解《六祖壇經》時所說的悟，不是那一點小感應，說的都是大悟。

有人說：「老師，我學佛十幾年有四次悟，最近我突然悟到了佛經裏的一句話，有了感應，從此以後我就悟了！」那只能叫做小感應，連小悟都不算，已經學佛十幾年、近二十年，才有四次小感應那也差得太遠了。真正的悟，先不談大悟，即便是真正的小悟，整個人也就都變了。你可以自己看一看你變了什麼，天天在悟，天天靈感不斷，看自己的身心有所巨變嗎？如果整個人都變了，諸如整個相貌、身形、心理狀態等全都變了，那才可以稱為悟。只是越變越醜、越變越老、越變越滄桑，甚至越變越怨恨、越變是非越多，還天天說自己悟了，就是在造口業。所以，千萬不要輕易說自己悟了，不要誤導眾生，不要先把自己騙了，而後又把別人騙了。

悟，一定是心開了，然後才能開悟；心不開，談何啟悟！何謂心開？如何心開？心又為何不開？即是因為厚厚的業障，生生世世以來的所知障，以及所謂的惡業所形成

的障礙，把心封得嚴嚴的、緊緊的，比瀝青還要粘稠、還要濃厚，把心包裹得毫無縫隙。心一點都沒開，怎麼能悟？要把包裹心的業障一點一點的清除，因此在現實中就得修一些助行，來破這些業障，助行中首要的就是得修六度，修布施、持戒、忍辱、精進、禪定、般若。

修六度破的是最根本的業障，即是貪嗔癡三毒。換言之，修六度修的就是本體。所謂修本體，就是破最根本的業障、破最根本的煩惱之源。然後還需要修其他的助行，打坐、持咒、念佛等等，都是修助行，破大大小小的業障，破到一定程度以後，量變達到了質變，就會一層一層的將你心中包裹著的、厚厚的瀝青，一點一點的洗、一點一點的磨、一點一點的化解。當量變達到質變的時候，一條縫隙就立刻顯露出來，就能看見一點心發出的光，那時才能稱為小悟。之後繼續不斷的清洗，不斷的出現縫隙露出一點光，一個縫隙露出一點光，再一個縫隙又露出一點光，這就是不斷的小悟積累起來，把一片瀝青清洗掉了，心就有一大塊的清淨發出大的光明、強烈的光，此即大悟。當把整個心都清理出來，整個心大放光明了，即為徹悟，是這樣的一個過程。

我們剛剛講述了佛法，其實任何的修行都一定要從見

到知，然後到悟，最後到證，見、知、悟、證，即為次第，一層層的往上走，少一步都不可能。我們講經說法，即是用文字般若使我們處於知的狀態中，不斷的一門深入、長時熏修。我們聽聞講經說法時，會瞬間法喜充滿、歡欣雀躍、感應道交，就是用文字的智慧即所謂文字般若清洗自己，包括內心的業障。修習所有的法，要想得正法、行正道，必須從經典的解讀中來，必須向聖人學習，必須學習聖人流傳給我們的經典。歷史上都沒有不學經典即可成為聖人的人。

　　一切的悟一定是從知上來的，而知則一定是從經典中知。所以在此六祖惠能對《金剛經》特別的注重，因為《金剛經》為我們傳遞的是，如何獲得最高最上最第一的般若大智慧。我們也必須得從最高的經典中，修成大乘以及最上乘人，後面再成就佛果、道果。我們現在所講的層次是心開悟解，如何能聞說《金剛經》即能做到心開悟解。須得先知其理，即已經見了這個過程，知道有佛，而且已經把佛當成我們嚮往的目標，這即是從見到知，佛是如何修成的，我們必須得知。所有經典都是在告訴我們佛是如何修成佛的，我們按照經典去做，就能走上一條正路，即是成佛之路。

然而，從經典中知，要先有正確的解讀，如何能夠正確的解讀經典？必須有明師講經說法，給我指點，才能正確的看待、解讀經典，否則就會誤解經義。天天讀經，說不定反而走向了魔道，所以配合經典必須得有明師，明師必定是過來人。但現在遍地邪師，人人皆拿一本經典，但是給人講解經典的時候都是講他自己認為的東西，因為他自己還是煩惱根深、業障深重，自己還放不下分別，自己還都是對錯，那他解讀經典的時候，一定是按照自己認為的去講、去解。所以，現在遍地的邪師都是口出善言、誦讀經典，但確實是邪師。一定得認清楚明師，在明師的帶領下從經典入手，才能真正的知。

　　而聞聽明師講經說法的過程，其實也是行的過程，天天聽經、聽法本身就是在行，如此堅持聽下去，平時在世間再按照經典教給我們的方法，修六度、勤學苦練，終有一天就能達到悟的狀態、悟的境界。我們現在是凡人，拜明師、聽經聽法、在現實中按菩薩道去做，不斷的熏修，某一天突然那種感覺就會出來，即所謂聞所未聞，心開意解。

　　何謂心開，現在無論如何講你也理解不了，用語言描述，根本體會不到。知道與體會即自己感受到，完全是不

一樣的，僅知其理一點用都沒有，必須得深切的感受和體會到。當你體會到的時候，必會身心俱變，一定會有真實的變化，這才可稱為悟，但僅僅是小悟。多少修行人，甚至 99.999% 的修行人，一生都沒能感受過一次小悟，僅僅是感受到了小感應，但並不是小悟，那是完全不同的。

第三節

悟境心開脫胎換骨身心俱變
頓悟必要漸修成佛先正知見

　　前面我們講的見、知、悟、證是次第。而佛法中，要更換其他專有名詞再講解，也可以稱為知、解、行、證，是同一個意思。見知悟證和知解行證，對於佛法修行次第是同一個道理，但說到見知悟證，不一定能聽明白，知解行證，更容易明白。這裏的知即是前面見知悟證中的見，亦即是知道有佛，知道有上帝。何為解？就是前面所謂的知，就是如何成佛，從理上得知道，理上解。行，就是前面的悟，即真正起修了，不僅是在理上知，而且按照成佛的方法，在現實中不斷的修，這謂之行，行的結果是悟。透過行不斷的悟，最後達到證果位，同於前面的證，是一回事。

　　如何啟悟？啟悟在修行中是何位置？有何重要性？悟，亦可稱為明心見性，所以我們的法門也稱為見性法。而啟悟以後，怎麼見性？不是在理上見性，而是真正體會到、見到了佛性，這才真正稱為見性。佛性，即不增不減、不垢不淨、不生不滅，蘊藏著萬物，即萬物俱足，神威廣

大，般若大智慧。見性之見到了佛性，不是指通常的見到，而是指證到，也就是感受、體會到了佛性。如何能夠體會到佛性？如何見到本性？必須得從樹立佛知見開始，即佛的知見。而現在還是凡夫的知見、人的知見，不轉化成佛的知見，則不能行、無法做，因為一做就錯。

人的行為模式是受思維模式直接支配的，思維模式又是受知見、觀念直接支配的。有了正確的行為模式，即是有了成佛的行為模式，最後才能證到成佛之果，才能走上成佛之路。要想形成正確的行為模式，必須得有正確的、成佛的思維模式。以佛的思維模式，帶動著佛的行為模式，最後才能成佛。佛的思維模式必須建立在一套佛的知見之上，知見不斷的積累、不斷的強化、不斷的認同，最後才能形成自動的佛的思維模式，進而形成自動的佛的行為模式，最後才能成佛。然而，如何才能有佛的知見？必須學習，沒有人天生有佛知見，可以形成佛的思維模式、佛的行為模式，任何人都必須得經過學習。

經過明師引導，在經典中獲得智慧，修文字般若獲得智慧，然後按照正確的方法修行，才能得到觀照般若，然後運用觀照法獲得行或悟上的般若大智慧，最後才能得悟、獲得佛的思維模式。當到達悟的狀態時，就已經從佛知見

階段，跨越到佛的思維模式階段，之後才是佛的行為模式。沒達到悟的狀態，思維模式還是凡人的模式，那行為模式上，起心動念必是凡人，永遠也修不成佛。悟了以後，思維模式才開始變。

如何得悟？得先從知見上開始改變，把凡人知見改成佛知見。想改就得學，即聞思修。首先於何處得聞？即明師指點，用經典上的知見、觀念和理使我們通達，而學習、領悟經典的過程就是轉變的過程，也是行之中最重要的一步，然後才是按經典的要求在現實中不斷的勤修苦練，這就是行。有的時候，我們在聽經聽法的過程中，即得到了心開意解的狀態。而什麼人能夠如此？即大智人、上根之人，在聽明師解讀經典時，豁然間心開意解，身心俱變，就達到了悟境，思維模式、行為模式立刻就變了。如此即是煩惱輕、業障輕的人，在聽經的過程中就把心中的烏雲撥散，陽光立刻普照大地，立刻感受到聞所未聞、心開意解的狀態，即悟的狀態。但是歷史上也沒有兩個人做到，也不要期望自己就能做到。

心開意解與小感應完全不一樣，小感應絕不是開悟狀態，開悟並不是抽象的、所謂的形容詞，而是有具體含義、有具體指向和標準的。真正的開悟，即心開悟解，這幾個

字可以講很多內容，包括我們的感知、思想，和心、身狀態的變化，是一種具體的證境，有各種形態的、量化的體現，而不僅是一種感受，不僅是小感應，那只是其中的一點而已。感知、思想、身心具體的變化，是綜合的、量化的、證的體現，對應的層面很多，比如面相立刻就會變，跟之前完全不一樣，或者身材體型、走路姿勢、言談舉止、說話的神情、說話的聲音等等都在變，是有量的體現的。

　　關於開悟，其實經典中有很多描述，比如《楞嚴經》中講的二十五聖道，也就是二十五尊菩薩，到底如何修成的菩薩，用的是什麼道、什麼方法，修到了什麼樣的狀態。其實，修到悟的狀態時，有很多詞來形容，《楞嚴經》裏二十五位菩薩就有很多的詞語形容，比如「其心豁然」就是在形容悟的狀態，豁然這種心的感受，可不是小感應。比如「心開漏盡」，都是對悟的心理感受，都離不開心，漏即缺失、不完美，有缺有漏，而心開漏盡，都是對悟的一種感受。

　　講到這些詞語，當我們達到悟的一天時，就一定會知道經典中寫的是什麼意思。再比如「心得通達、一切通利」，都是《楞嚴經》上的詞語，按照二十五位菩薩的道去修，所修得的狀態。這些都是修行路上的標誌，即我們

在修行路上，到底走得對不對的提示。其實每一個階段的正路上，都有一定的階段性標誌。走得有點迷失了，不知道走的這條路對不對了，感覺路上一直沒碰到人，也沒有人指引，到底走得對不對？再往前走，發現一個牌子上面有箭頭指向前方，指示繼續往前走，比如「要到紫薇峰頂，前行五百米有座躍然亭」。

這就是所有的佛菩薩所講的，在悟的狀態中，在修的過程中，其身心的狀態和感受，其實就是指示的標誌。當我們走到這一步、修到這一步的時候，看見這個標誌，就知道自己走得沒錯，同時也就知道前進的方向，前行五百米還有一座亭子名為躍然亭，發現沒有錯，所以就更有信心繼續往前走了。所謂心得通達、一切通利，都是佛經中所說，通達、通利和豁然是一樣的。通達即心通的感覺，在現實中稱為通利，一定會呈現於現實，一切都能看得清清楚楚。其實通達和豁然都是一回事。

所以《楞嚴經》教我們的二十五位菩薩的二十五個修行方法，無論按照任何方法修，最後一定得有「知解行證」的層次。《楞嚴經》中對悟的感受的描述，還有「心身暖融，無礙流通」的狀態，也都描述得很清楚，即是講說開悟時的心理狀態、身體狀態。身體是暖，而心是融，這不也就

是通達、豁然的狀態，都是同一個意思，此即心身暖融。何謂無礙流通？即整個身體都通暢。菩薩是否就不會得病，身體一切通暢？也不是，菩薩也可以得病，可以得皮膚病，五臟六腑也可以得病，但是菩薩知道自己為什麼得病，病是怎麼回事，病代表著什麼。並不是所謂的無礙流通，身體就一定特別健康，那樣追求的是一種完美，那就不是佛菩薩。

任何的佛菩薩都不會追求所謂的完美，而是心中了了分明，達到那種境界，現實中不一定都是一帆風順、一切全是成功，現實中不一定就沒有衝突，也不一定就沒有人對我不好、罵我、打我、害我。佛菩薩一定沒有這些嗎？不是的，該有什麼就有什麼，但是能做到了了分明，心不隨其動。為什麼能夠心不動？因為佛菩薩知道一切的因果，知道來龍去脈，知道一切是為什麼、到底怎麼回事，業障現前時如何對待。並非佛菩薩的業全都消盡，那種狀態的佛是實相佛。

釋迦摩尼佛祖菩提樹下成佛，但還是肉身。肉身即非實相佛，現實中也有蚊蟲叮咬，不吃飯也會餓，甚至現實中還有人出佛身血，還有人傷害祂，還有人罵祂，即便有也都沒問題，這都是外境。真正的佛在外境面前如如不動，

我心不動。佛曾經是皇太子，後來整個家族、整個國家被外族入侵，把他的家人全都屠殺了，佛光輝偉大，應該一伸手就能救了，為何不救？因為佛一眼就能看透因果，家人全死了，佛是什麼狀態，悲痛不悲痛？佛八十歲要往生的時候，也還是得病了，身體上也有痛苦。

所以要清楚，無礙流通並非是指，現實中我的身體、我的事業、我的家庭、我的一切都非常的完美，那是不對的。如果追求這種完美，則是一種極致的完美，認為一切完美、一切都好，那才是好。但如此就不是佛了，追求完美者可不是佛。魔才是追求完美的，而且不允許不完美，一定想盡一切方法、不擇一切手段，使其完美，魔將此稱為成功，稱為圓滿。

大家一定要清楚，圓滿和完美並不是一個概念，我們痛苦的根源就是現實中不斷的追求所謂的完美，這即是大分別。何謂完美？即不斷的追求自己認為的一切的好、一切的美。越追求所謂的完美，現實中就越墮落，那是成魔之道，不是成佛之道。成佛之道是要圓滿而不是要完美。而圓滿和完美到底有何不同？太極代表圓滿，太極是由兩部分組成，一部分是白，一部分是黑；或稱一部分是美，一部分是醜；一部分是完美，一部分是不完美；一部分是

完整，一部分是缺失。太極是由這兩部分平衡而形成的完整，這就是圓滿。

禪最講究悟，我們的禪又稱頓教法門，最講究的是當下即悟。但是我們不要誤解此理，不要懷著那種狂妄之心，認為自己就是上上根、最上乘的人，讀《六祖壇經》、《金剛經》，當下即徹悟，所學的是頓悟法門，當下就悟了，千萬不要被迷惑、被誤導了，一定要清楚。真正的大徹大悟、頓悟，是有前提的，經中所講的都是最高境界的狀態。實際上，要想頓悟必要漸修，頓悟是在漸修的基礎之上，沒有任何人能做到離開漸修談頓悟。

有人說：「老師，六祖惠能就做到了啊？」

六祖惠能，你知道他從小到大的經歷是什麼嗎？你知道他到底修過還是沒修過？只是《六祖壇經》中沒有寫，先不說生生世世他是如何漸修的，僅是說當生當世如果事先沒有任何的基礎，沒有任何佛學、佛教的基礎，六祖惠能怎能對五祖說出那種話呢？五祖見面即問惠能幹什麼來了，直接稱他為獦獠，意思就是一個草根、魯蛇，來幹什麼？如果佛都沒聽說過，從來沒受過這方面的教育，敢說話嗎？知道佛是誰嗎？

惠能脫口而出：「不求餘物，唯求做佛。」

首先六祖惠能肯定早已得見，即知道佛，到底如何知道的？平時修或不修呢？惠能雖不識字，但是他爸爸是做官的，不僅識字，而且有文化。六祖雖然不識字，但是他自卑嗎？覺得不識字是錯嗎？他是砍柴的樵夫，為什麼做這種工作，為什麼不在世間找其他的世俗工作呢？為何一聽人念《金剛經》，立刻感應道交，馬上能去尋五祖呢？所謂機緣到了，到底是何機緣到了？與五祖的對答，如果是大字不識、佛都不知道的普通樵夫，豈能說出這番話？絕對不是。

　　所以請各位記住，頓悟是從漸修中來的。只是要知道漸修具體要修什麼，如何修，是否有佛的知見，是按照佛的思維模式去修。

　　有人疑問：「老師，如果頓悟也是從漸修上來，我們的頓悟法門和北傳神秀的漸修法門又有何不同呢？」

　　僅此一點不同，北傳神秀的所謂佛法，讓大家打坐修善、念佛念咒，那也是漸修，但修的是福報，而不是菩提。

　　有人會有質疑：「為什麼能這麼說呢？」

　　五祖弘忍將傳衣鉢，讓弟子們寫偈子之前，當時六祖惠能還在破柴踏碓，五祖對包括神秀在內的眾弟子說了一句話，「汝等終日只求福田，不求脫離生死苦海」，即是

在說，你們天天修的打坐、念佛、念咒的漸修，都是為了積福報，而不是為了脫離生死苦海，不是度煩惱。其實五祖弘忍已經對他的弟子們下了定義，他們所修的就是福報，而他要傳衣鉢的人是什麼樣的呢？是真正要成佛的人，真正要行菩薩道、修成佛果的人，要傳衣鉢予這樣的人，而不是傳給只修福報的人。如果只是為了修助行而修行，最後僅會得一些福報，但是沒有功德。

比如梁武帝，南朝四百八十寺，梁武帝在全國建了那麼多的寺廟，供養了幾十萬僧人，在南朝的人口狀態下，已經做到了極致。那他的功德大不大？是不是應該得到佛果？

梁武帝問達摩：「我修了這麼多寺廟，在全國推廣佛法，供養了這麼多的僧人，讓大家學佛，走修行之路。請達摩先生看一看，我有沒有功德啊？」其實意思是讓達摩誇獎他功德巨大，能成佛果。

結果達摩開口即是一瓢冷水潑下來，說了一句：「實無功德可言。這根本不是功德，就是積了一點福報，還不一定積了福報，說不定這麼做所積的是惡報。」

梁武帝一聽氣壞了：「你給我滾！我天天對佛法如此尊重，修了這麼多的寺廟，供養著這麼多的僧人，你居然

說我毫無功德！居然還敢說，我連福報都不一定有，說不定是惡報！」

達摩祖師為什麼這麼說？梁武帝做的那些事，即所謂有意的行善，有意的推行佛法，認為如此就能成佛，但他並不知道這樣做是否能成佛，更不知佛是如何修成的。這就是所謂想成佛，但是沒有正知見，他的知見是邪的、錯的，沒有正知見的引導，其思維模式也一定是邪的、一定是錯的，行為模式一定也是錯的，所以堅持走下去，路就不是正路，不是成佛之路，而是成魔之路。

後面我們就能看到，達摩說的話對不對。看一看歷史上梁武帝是怎麼死的，死得多慘，真的福報都沒積下來，積的都是惡報。

有人問了：「老師，為什麼建廟、施粥、供養僧人，還會積惡報呢？」

對梁武帝這樣一個帝王而言，真正的福報不是建廟，也不是供養僧人，而是如何讓他的國家長治久安、國民安居樂業，如何讓國家更加富強、更加繁榮，如何使民族繁衍生息下去，這才是帝王應該做的正事。

而梁武帝為了推廣佛法，為了推廣佛道，不惜勞民傷財，在國力貧弱的狀態下大興土木，在各地建造宏偉的寺

廟。本來南朝時期全國的人口就不多，受鼓勵而出家的多數又都是年輕人，在世間不服勞役，既不耕又不讀，而耕讀是富國強兵之本。幾十萬的年輕人、壯勞力不去學習對現世有益的技能，不去讀經邦濟世之書，卻都在追求出世間的修行。而且幾十萬人是什麼概念？一個出家人，就要有十戶人家供養，每座寺廟周圍都有大片的田地供養寺廟，幾十萬出家的僧人就代表著需要幾百萬、上千萬人為之服務，而這幾十萬人不事勞作，天天讀經，天天所謂的修行，最後國家經濟走向崩潰。沒有人參軍，都去信佛了。信佛不殺生，一旦邊關告急，北方少數民族對南朝發起入侵，無人抵禦，就會有大屠殺發生。

這就是為什麼梁武帝大建寺廟、供養僧人，最後積的反而是惡報，結局死無葬身之地。梁武帝最終導致了國家動亂，如此下去國家必亡，使得他的太子和身邊的宦官聯合起來發動政變，把梁武帝關在宮殿裏，禁錮一個月後餓死了都不知道，屍體腐爛蛆蟲都從宮門爬出來，如此使太子陷於不義，也成了歷史的惡人。這種所謂的佛法修行，沒有佛知見，反而走向了魔道，這是一個非常典型的例子。

此處在講的心開悟解，就是一個「悟」字。我們一定要清楚，悟需要什麼前提，頓悟必是在漸修的前提下，而

漸修一定是在正確佛知見的前提下，然後開始漸修，有本體有助行，之後心才會開，才能夠做到其心豁然、心開意解。悟是從心而來的，然後身體和現實的一切都會發生脫胎換骨的變化，這都是有量變指標的。所以，悟和心是緊密相連的。

其實一個悟，能講述很多。心開悟解，這四個字理解明白了，基本上修禪就有方向性，不會走上邪道、不會入魔，就知道為什麼要讀《金剛經》，經典讀了以後，在現實中如何修持，最後達到什麼境界。這就是其意義所在，悟即是明心見性，當把心開悟解講授清楚，理上明了，才能知道如何修。

突破達正覺 學佛並非無欲無求
不能成魔何以成佛

　　前面講解了心開是什麼狀態，那麼悟解到底與理解有什麼不同？現實中透過對事物的判斷、推理，最後按邏輯性得出結論、做決策，如此不是悟，也不是智慧。其實所有的人在現代思維方式下，都在練這種邏輯推理能力，有的人邏輯思維特別強、分析能力特別強、推理能力特別強，而這在佛法中稱為世間的小智，不究竟。從修行的角度，我們其一不要貪求世間的小智，其二不要訓練世間的小智，其三不要執著於世間的小智。

　　當我們獲得世間的小智，在世間就能找到一份好的工作，就可能會成為上市公司的高級主管。為什麼？因為在世間，無論我們應聘工作去面試，還是平時工作，大家看的就是邏輯思維是否強大，做事是否有條理、是否符合邏輯性，分析能力、判斷能力、推理能力是否很強。世間的人都會認為，邏輯思維強大、分析推理判斷能力強大的時候，對事物的發生、發展以及結果，就會有很理智的、甚至是智慧的決策。能做出正確的判斷和決策，計畫的成功

率就會很高，這就是世間的小智，也就是世間的智慧。

現在所有的公司、企業看重的都是這些，從幼稚園一直到大學，培訓、訓練的也是這幾方面的能力，首先思維能力是邏輯思維能力，還有分析、推理、判斷的能力，以及決策的能力。從小到大就是這樣，我們訓練得越強，上學的時候就能成為學霸，工作以後就能升為高階主管，可以領導一個企業、一個大公司的運作。這樣有何不對，難道不應該嗎？

我們現在學習佛法，一切問題透過佛法都能看到本質。那我們訓練邏輯思維模式，分析、推理、判斷能力，以及決策能力，到底能不能得出正確的結論？其實我們就會發現一個問題，一切事情都是推理，按照一條正確的邏輯性去推理、分析、判斷，得出的結論往往是錯誤的，甚至一半的正確率都達不到。但是所有的世人都迷在這樣一條路上，這是一條什麼樣的路？即是一條讓我們的邏輯思維能力越來越強大，一直不斷追尋正確的邏輯之路。我們不斷強化自己的分析能力、推理能力、判斷能力、決策能力，想藉此得到正確的結論，這樣我們做事就有方向。

但問題是我們所有的邏輯性，分析、推理，以及判斷和決策，都是有前提的。非常直接的一個前提，就是獲

取的訊息量要足夠大，即使有再正確的邏輯性、再強大的分析和推理能力、再強大的判斷力和決策力，也一定都得建立在有足夠的數據資料和訊息量的前提下，才能做出正確的判斷和結論。然而，這足夠大的訊息量和數據資料的前提我們如何獲得？從哪裏獲得？這是一個非常根本的問題。只是得到一個小小的碎片，即使有非常強大的邏輯性，有非常強大的分析能力、推理能力、判斷力，只從碎片的表面也是無法看到整體的，這就是問題所在。

所有透過小碎片看到的整體，都是想像，亦即是妄想，與這個碎片所屬的真正的整體之間可能差距甚遠，所以稱為世間的智慧，即世間的小智。而佛法就是要排除這種局限性，不要被其表象所迷惑。為什麼佛法講究開悟，講究出世間的智慧，而不講究世間的小智？一個真正開悟的人，他的知和覺是有變化的，看到的已經不是事物的表面，即使他拿到的僅是一個碎片，看到的也不是碎片的表面。

一個開悟者，其知覺的變化包括知覺能力的變化與覺知範圍的變化。我們剛才所講的世間的小智，僅代表知覺能力的變化，不斷的訓練知覺能力，訓練邏輯性、分析、推理、判斷、決策的能力，而覺知的範圍沒有任何變化，還停留在最表面的一層，且表面得到的訊息量是最少的。

所謂覺知的範圍，即是當我們看到一個碎片的時候，是從表面往下、往深處看，不斷深入就能看到最深處的本質。所有的整體都是在最深處，是合為一體的，越是趨於表面越是分散。

正如一個花瓶打碎了，拿到一片花瓶的碎片，如果只看表面，只是看到了碎片，就不知道到底是花瓶的碎片，還是某個瓷碗的碎片，還是其他某個瓷器的碎片。表面越分散，那麼到底是什麼碎片，就沒有足夠的訊息判斷，覺知範圍很小、很狹窄，訊息量太小、太少了。

我們現在講的是世間智，與悟即大智慧之間，到底有何差異？世間的小智有何特性？世間小智有感知的方向性，有感知的起滅性，有其局限性，有其虛妄性。想一想世間的小智是不是這樣？具有方向性、起滅性、局限性、虛妄性，或者稱為虛幻性。在這種前提下，佛法把這種有漏的智，稱為偏執覺、錯覺、幻覺。我們之所以要學習佛法，首先就要從世間的小智，從這種局限性、起滅性、有針對的方向性，以及由妄想生出的虛幻性中跳脫出來，才能真正進入佛法的悟境，到了悟境才真的能夠感受到何謂智慧。

真正的悟境、真正的般若智慧，是我們感知能力的一

種突破，也是一種突變。只有修到、悟到真空法性狀態的時候，我的心才打得開，我的知覺亦即是感知的能力，才會真正發生相應的變化，我的覺知範圍才會達到摩訶的狀態。摩訶即是廣大無垠，看任何一個碎片都能看到極度的宏觀，甚至都能看到、能感知到極度的微觀。這種極度的宏觀與極度的微觀，是沒有界限的，即是透過任何一個碎片，就能看到整個宇宙，從生起、運行到終結的整個過程都能看到，這才是悟到。

這種所謂的感知能力的突變、突破，是緣起於覺知的範圍，當覺知的範圍廣大無垠、突破局限性的時候，覺知的能力自然就呈現出來了，就會從原有的有生滅、有方向、有障礙的感知，轉化成恆常的、深邃的、遍察的、通徹無礙的感知。當真正達到這幾個特性的時候，即感知力達到了恆常的、遍察的、通徹無礙的狀態時，就形成了佛家、佛法所說的正覺狀態。處於正覺狀態，就是正的覺知、正的感知狀態的時候，才真的能夠體會何謂心開悟解，才可稱為開悟者。開悟了才能起修，才真正能夠走上佛法的正道，才可以真正開始修行。

開悟者都有什麼表現？開悟者對身心內外的事物，會感覺非常清晰和透徹，不是分析來的，不是推理來的，而

是他自己就知道。到底是怎麼知道的？放下了世間的小智，放下了所謂的邏輯分析、推理、判斷、決策，覺知的範圍無限擴大。如何將覺知的範圍無限擴大？不要執著於一個點、一條線、或者一個面的時候，覺知的範圍自然就擴大了，你收集到的就是無限大的訊息、無限大的數據資料。在此基礎之上，我們自動啟動所謂邏輯性，所謂的分析力、推理力、判斷力、決策力。

有同學問：「老師，不是應該放下這些嗎？」我們講的是放下偏執的，放下有局限性的，放下有方向性的，放下有生滅的，如此我們就能獲得大邏輯性、大分析能力、大推理能力，以及大判斷力和大決策力，這樣才稱為智慧。如此即是開悟者，看似沒有邏輯，其實有大邏輯。所以，很多大科學家、大智者，看待問題、分析問題的角度，對任何事物的決策，與普通人比較，都是相反的，但卻往往是正確的。這就是因為，普通人的決策是建立在世間小智的基礎上，其覺知的範圍特別局限、特別有針對性，只是局限於一個點，僅能得到這一點的小資訊，如果想做出整體的、正確的決策，則是不可能的，邏輯上都行不通。

所以，我們學了佛法之後，就知道應該練什麼，應該從哪個方向起修。要想起修，首先要突破覺知的範圍。如

何突破？即是將我們從對某一個點的執著中拉出來，所謂昇華就是超越、往上提。就比如距離任何一個事物太近的時候，只能看到眼前的一個點，只有不斷的把距離拉遠，覺知的範圍才會擴大。這就是我們為什麼一直要打破執著，其實我們距離任何的事物都太近了，在世間一做事情，馬上就執迷進去，都已經不僅僅是近，而是直接貼上了，甚至進入了，往往都是當局者迷。

其實，在我們拉不開距離、產生不了高度的時候，看任何問題僅僅是那一個點，一旦迷進去、執著了以後，就會產生各種妄想、虛幻，都是在看那一個點的狀態下，產生的一種虛幻的幻覺，就是不真實的。因為此時看任何問題、看任何事物，都看不到全貌，那怎麼可能有正確的理解？怎麼能夠做出所謂正確的決策呢？做任何事都是迷在其中。

有人不理解，「老師，不應該迷在其中嗎？做什麼事不是都要專一嗎？」

我們學習佛法，的確一定要注意這個問題，如果不一門深入、不專一，任何事都成就不了。比如一段感情，如果你不專一，怎能得到對方的專一？你的心花得很，四處留情，是不執著於一個人、一段情，但是如此也得不到所

有人相應的情。做事業也是一樣，不專一於一件事情，不執著於一件事情，想成功是絕無可能的。即使世間法都是這樣的，做任何事情不能一門深入、不能專一無二、不能堅韌不拔的去完成，那在世間都取得不了成功，更不要說出世間的大法了。想獲得出世間的大智慧和大解脫，更加不可能。

有人說：「老師，這聽不明白了！我們到底應該專一、執著，還是不應該執著啊？」佛法講的是整體性，也就是所謂做任何事情不著兩邊。專一是必須的，但在專一的前提、基礎上，必須還得超越，不能因為專一就直接盯住一個點，這樣就會迷在這個點裏，反而看不清自己所處的位置，不知道下一步應該往哪個方向發展。專一是必須的，但還得學會轉化，得轉化成智慧。

有智慧就必須得有高度，能做到既專一又有高度，既盯著一個點，又能看到整體。我知道自己處於一種什麼樣的狀態，又執著專一，同時也能看到整體、具備高度，我的心看到了整體，但不會被其他某一個點所牽引。這是一種狀態，是覺者的狀態，是悟者的狀態，學佛法難就難在這裏。

所謂要破某個事物的時候，並不是指就讓人沒有這個

事物，我們一再的講要破貪嗔癡三毒，但是要清楚，佛法講的所謂破貪嗔癡三毒，是轉三毒為戒定慧。當我聽不懂真正的意思時，就會理解成貪嗔癡是三毒、是壞的，不應該有，如果有就要徹底的戒掉，戒掉了貪嗔癡，自然就有戒定慧。這是一種錯覺。

真正的佛法不是讓我們沒有貪嗔癡。如果沒有了貪，那麼做任何事情就都沒有動力，貪是我們本能發出的動力，而絕不是貪不好，要完全戒掉，一點貪心都沒有，那樣就變成無欲無求的狀態。學佛法並不是讓我們變成無欲無求的狀態，無欲無求就會對什麼都沒有動力、都不起心、都沒有興趣，甚至都沒有感覺。如果是這樣，那就是在訓練自己，從一個有情眾生變成無情眾生，之後就會得寂滅空，就會呈現寂滅相，如此就跟石頭、桌子、椅子沒有區別。

真正學佛法，並不是讓我們去掉貪欲，不是就沒有所謂的貪，而所謂戒貪欲是轉化，這一定要清楚。其實，所謂想成就道果，發菩提願、行菩薩行、成菩薩果，甚至想修行成佛，難道不是大貪嗎？想行菩薩道、發菩提大願，艱苦卓絕的努力修行，難道不是大貪嗎？如果貪心都沒有了，為什麼還要成菩薩道，為什麼還要成佛？怎麼可以貪成佛，怎麼能貪成菩薩呢？所以我們要理解清楚這一點，

放下執著不等於沒有執著。

我們主動看到了貪，什麼樣的人才真正能夠學佛、能夠成佛？就是大貪之人、貪心越重的人越容易成佛，越容易修成菩薩。一點貪心都沒有，任何貪欲、貪念都沒有的人，什麼都修不成，也就什麼都不是，連世間的小成功都不可能有，更不要說出世間的大成就了。所以，我們尋找什麼樣的人作為同修，首先得是有大貪欲的人。

有同學很不理解，「老師，有大貪欲那不是毒嗎？怎麼可能成佛，那不就成魔了嗎？」正所謂魔都成不了，怎麼可能成佛？成魔也不容易，那也是大精進，有大神通，只是後來方向走反了。而毫無貪欲的人根本都不走，既成不了魔，也成不了佛，就在原地站著不動。

我們要做什麼樣的人？我們修佛到底如何修？必須要有大貪心。而貪心的方向是，當我沒修佛法的時候，我就要貪世間的五欲，財、色、名、食、睡。貪世間五欲的時候，極大的動心，就有極大的動力，才能得到世間的成功。比如我貪財，就要有大貪心去貪財，才有可能在世間賺得財富。

我們想學佛法，怎麼學，如何度化眾生？就是要把眾生的貪心由對世間五欲的貪，轉化成對出世間成佛、成菩

薩的動力。一定要清楚，是轉化而不是消滅，不是把世人的貪心從根上滅掉，讓一個人變成無欲無求。學佛第一要注意的，就是不要變成無欲無求的狀態，亦即是六祖惠能一再告誡我們的，不可空心靜坐，百物不思。我們要有大移情，我們要有大貪心，只是我們知道應該貪什麼，我們貪利益眾生，貪行菩薩道，貪成大菩薩，貪成就佛之道果，我們要如此轉化。

有人又不理解了，「為什麼要轉化呢？我貪世間的財富不好嗎？這樣我就能得到世間的財富。學佛以後我就轉化了，為什麼要轉化呢？轉化了我還能不能得到財富呢？」

能得到。僅是貪世間的財富，能得到世間的財富，但是我們前面一再講過，如此得到的世間財富是有漏之財，是帶著煩惱之財，是帶著毒的財富。雖然用世間法得到了財，最後會被這種財害死，被這種財毒死。而我們學習佛法以後，會得到更多的財，但是得再多的財，都不會被這種財害死，如此得到的就是無漏之財，也稱無煩惱之財、圓滿之財。

之所以要學佛法，因為學之後，依然能得到財，依然能得幸福，而且得到的幸福是無漏的幸福、圓滿的幸福，是沒有煩惱、沒有謀害、沒有衝突的幸福，不是撕裂的幸

福。而世間貪來的幸福、奪來的幸福，都帶著漏、帶著煩惱、帶著傷害，即所謂有漏的幸福，是不圓滿的。

我們剛剛講到貪嗔癡三毒中的貪，而嗔是做事的力量，沒有嗔、沒有恨，就沒有力量。我們的一切力量，從本能發出去的時候，自然而然的就是一種怒氣，怒是有力量的，因為有力量才能怒得起來。我們學佛，破三毒、破嗔毒，可不是使我們沒有力量，徹底沒有大嗔恨了，那是不可以的。我們一定要有嗔的力量、恨的力量、憤怒的力量，然後將其轉化，即所謂轉三毒為戒定慧，轉嗔恨的力量為修行路上破除障礙的力量。因為修行路上有各種障礙，即謂業障，必須得有大力量，才能清除修行路上的這些障礙，沒有力量肯定是不行的，所以必須得有這種嗔恨心。

但是，如果我沒有修佛法，世間的嗔恨用在何處？世間之嗔恨就用在，誰對不起我，誰傷害我了，我就把這種力量報復給誰，稱為報復心、報復的力量；誰比我強，我就嫉妒，也是生起了嗔恨，這是嫉妒的力量。報復產生憤怒，嫉妒產生恨，受委屈產生怨，這都是一種力量，是世間的力量。世間的大嗔恨，就集中在報復心、嫉妒心、委屈心、狂妄心之上。真正修習佛法，就是把這些力量，從報復心、嫉妒心、委屈心、狂妄心上轉化，不代表把力量

滅掉，而是要轉化成修行路上破除障礙之心與力。修行路上誰阻擋我，我就破除它，我有無比的力量，而這種力量就是從我們對世俗的憤怒、報復、恨、怨的力量轉化而來的。

修佛一定不能修成無欲無求、無嗔無恨。看似心中如如不動，其實是死水一潭，空心靜坐、百物不思，修的就是寂滅空，那就修錯路了，就是從有情修到了無情。

貪嗔癡三毒中的癡，即是專一，就是執著。修佛法不是放下專一，也並非不執著，而是要把這種專一性、執著性轉化，從專一於世間的小情小愛，轉化到利益眾生的菩薩道上，轉化到專一的、執著的修行菩薩道，最後成就佛果之上。想成就佛果，想成就菩薩道，不專一怎麼可以？不大執著怎麼可以？不專一、不執著，又沒有力量、沒有動力，既不貪又不嗔恨、又不專一，怎麼可能成就佛道？

精進依靠的是什麼？有貪、有恨、有執著了，才有精進。我精進的走在菩薩道上，為了成就菩薩果，就得用好貪嗔癡，我把貪嗔癡轉化成了戒定慧。看似學佛之人無情，其實真正的學佛之人是有大情的，放下的是世間的小情、小愛、小恨，轉化成了出世間菩薩道的大情、大義，利益的是眾生，成就的是佛道。越學佛越貪，越學佛嗔恨心越

重，越學佛越癡，其實就是這個理。

如何做到心開悟解？覺知的範圍怎麼能夠突破？當我放下了世間的財、色、名、食、睡，不盯著這些的時候，我的動力轉向了整體，我盯的、貪的就是菩薩道的修行。我有大瞋恨，在修行的路上破除自我的所知障，以及我生生世世所造的惡業帶來的業障，我有大力量，對這些有大的瞋恨，我恨這些業障把我帶向了墮落，把我帶向了魔道。我把世間的小情、小愛，對某一個人的小情、小愛，擴大到對眾生的利益。

有人問：「老師，放下對一個人的小情、小愛，轉化成對眾生的利益，是不是對這一個人就沒有小情、小愛了？」如果對眾生都能有大情、大義、大愛，怎麼可能對一個人又沒有了呢？那是不可能的。只是不要把力量僅僅盯住一個人，此即謂小我，這種狀態就稱為小癡、小情，要轉化成大情、大義、大愛，即所謂利益眾生，即是行菩薩道。如此才能做到既專注於一點，同時又有高度，能看到全局，覺知的範圍無限廣闊，同時力量又能集中於一點。

所以，所謂開悟，其身心一定有變化，就會一點一點的形成正覺。何謂正覺？正即是佛，就是佛的知覺感受，亦稱為佛的知見。佛覺、佛的知見、佛的覺知、佛的知覺

感受，是廣大無垠，即是摩訶，由摩訶才能生出智慧，心不為一點執迷，剎那間擴大到整體，這就是佛的知見，形成了佛的知覺，然後才能有佛的智慧。因此，佛的智慧不是練出來的，知覺感受的範圍擴大到無限，自然就有了大智慧，然後才是波羅蜜，才能到彼岸。

如何達到佛的正覺，非常的重要，也是我們起修的第一步。先有佛知見，後有佛覺知。為何「聞說《金剛經》，即心開悟解」，因為《金剛經》為我們講授的就是這個理，即是宇宙終極之理，是宇宙之真諦。

《金剛經》的緣起，是佛祖弟子須菩提，在法會上直接問佛祖，「云何應住？云何降伏其心？」意即是在問佛祖，「我這顆心安不下來、定不下來，總是心猿意馬、飛來跑去、妄想紛飛，我應該把心安在哪兒，應該怎麼安呢？」

云何應住，即是應該安在哪裏。云何降伏其心，即是我知道心安在哪裏以後，如何能夠安住在那裏呢，如此引發了佛說《金剛經》。

其實這是我們共性的問題。《金剛經》講說的就是我這顆心應該安在哪裏，應該怎樣安，應該如何安住、如何降伏。因此《金剛經》直接針對的是本體、本性，一切唯

心所造，心安不下來，或者心安錯了地方，都是問題，肯定成不了佛。現實中的煩惱源自於哪裏？不外乎就是心安錯了地方，再者即使知道心應該往哪裏安，卻安不住、降伏不了，總是臆想紛飛、妄想紛飛，無法收住，收攝不了，這不就是本質的問題嗎？所以，要做到心開悟解，即是心安住了，有方法安在那裏，自然而然覺知的範圍就廣大無垠了，自然就不會迷於世間的五欲六塵，自然就不會被世間的小道所牽引，被個人的情感所左右，自然就超越了，自然就能行菩薩道了。

第二十七章

本性自有般若之智
自用智慧常觀照故

第一節

觀見十方離垢消塵心見發光
佛家大法智慧觀照洞徹了然

六祖惠能緊隨其後，就告訴我們如何做到心開悟解，如何把心安在正確地方的方法。【故知本性自有般若之智，自用智慧常觀照故，不假文字。】這即是在教方法。藉著前面講的「聞說《金剛經》，心開悟解」，究竟如何心開悟解？六祖告訴我們，所謂故知，就是本性自有般若之智，不需要去練，自然就有。

為什麼我們沒有了？為什麼我們所動的都是世間小智？是眼界把我們限制了。眼界即是所謂的覺知，覺知的範圍就是那麼小，僅執迷於那一點，就在貪那一點，根本就看不見整體，哪還能有智慧？比如一項計畫的成住敗空，最後要得出結論，如果只看到一個點，線都看不見，怎能看到這項計畫的起始、發展以及最後結果。只是盯著一點，無論做什麼高度都不夠。

而出世間的智慧是不需要修的，只需要有佛知見、正覺知，覺知的範圍變得無垠，看到的就廣大了，此時看任何問題，如何起、怎麼發展、最後怎麼滅，都能一目瞭然，

看得清清楚楚，必然能做出正確的決策。所以，智慧不是學來的，我們本來就有般若之智。

為何你有那麼強大的邏輯性、分析、推理能力，以及判斷力、決策力，還會做出錯誤的決策呢？都是因為你覺知的範圍不夠廣、不夠大、不夠摩訶。在沒有摩訶的狀態下，一定不會有般若之智，般若之智就發不出來，就無法到達波羅蜜的彼岸。

《楞嚴經》中有好幾段經典，都是在描述開悟以後的境界，如「觀見十方，精真洞察，如觀掌果」。觀見十方，觀察見到十方；精真洞察，最精細處體現本質；如觀掌果，整個世界、整個宇宙在我的眼中，就好像看自己的手掌一樣。這些即是描述看問題的高度，如此看到的就是整體。一旦看到了整體，自然而然就能看到事物發展的過程及結果。在這種狀態之下，才能做出真正正確的所謂大決策，而做出的決策是意識理解不了的。

意識是有局限性的，是有針對性的，即有方向性、起滅性、局限性、虛妄性。推理都是虛妄的，所謂意識推理的虛妄性，是因為意識是會聯想的，而意識到底如何聯想呢？這種聯想跟自己的經驗和閱歷直接相關，因此非常局限。自己有什麼經歷，有什麼閱歷，當看到一個事物一旦

有相關性的時候，馬上就會開始聯想。但那是事物發展的真實軌跡嗎？不是的。那只是自己根據過去曾經的經歷和閱歷，意識在向後聯想，最後能夠聯想到一個所謂的結果，因此做出一個決策。這是在過去經驗和閱歷的前提下得到的結果，故稱其有虛妄性。

並不是看到了事物發展的軌跡，迷在一個點的時候，永遠都看不見事物整體的發展是何軌跡。迷在一個點時，還要做出整體的判斷，做出整體的決策，那都是妄想出來的。

開悟以後並不是智慧突然增長、增加了多少。本來就有智慧，人人都有智慧，只是被自己的格局、覺知的範圍把智慧無限縮小，看不見整體。所以《楞嚴經》告訴我們智慧如何而來，「觀見十方，精真洞察，如觀掌果」，自然就有智慧了。

《楞嚴經》還有一句描述是：「離垢消塵，法眼清淨。」離開污垢，消塵即脫離所謂五欲六塵，亦即是眼中所見的境。離垢消塵之消，並不是指消滅，要於六塵而離六塵，看著六塵、看著這個境界，但是我不在其中。我不僅僅是看到這個境界，還要超脫它，謂之離垢。只有離垢消塵，我們才能達到法眼清淨，我們的法眼才能開，才能看到清

淨的狀態，無遮無擋，透透徹徹，這就是所謂清淨，亦即是悟的狀態。

所謂修行，如果世間的事物都看不清楚，經常做出錯誤的決定，那還何談修佛？起心動念即是錯，做決定時感覺好像自己的思維能力特別強、邏輯能力特別強、分析推理判斷能力都特別強、決策力也很強，結果往往做出的是錯誤的決策，這就不是修佛。如此就只是世間的小智，最多修成一個專家。

而專家是對某個行業、某個領域特別熟悉，有人脈、有經驗、有閱歷，行業內的事都知道、都懂得，說則滔滔不絕，邏輯性極為嚴謹，分析推理能力極其強大，判斷力、決策力也很強的人。但是專家最終做出的決定往往都是錯誤的，所以亦稱為「磚家」，都是應該挨板磚的，聽起來頭頭是道，全都是對的，最後結論往往是錯的。因此，如果只是世間的小智，不管強求得多麼極致，最多能成為世間的專家，也成不了大師，也不會擁有大智慧。

《楞嚴經》中對悟之後大智慧的描述，「心見發光，光極知見」，都是講說悟後大智慧如何而來。如何心見發光？即心不被封閉、不被堵塞、不被遮蔽時，即見發光，光發不出來就是被五欲六塵所遮蔽的。而光極知見，即當

光發出到無限遠的時候，佛知見、佛智慧就出來了，光發到哪裏，就能看清哪裏。光發不到的地方就是黑的，就是看不清的未知。

我們就是生活在未知之中，因為所謂的光本來是心光廣闊無垠，謂之摩訶，能洞見十方世界，宇宙的起滅輪迴也都能看得見、都能知道，如觀掌果，但是我的心被迷住、遮住、封閉，就看不見了，心被遮住看不見的地方就是黑、就是暗，我就沒有智慧了。其實智慧不是沒有了，而是被遮蔽了，即是這句話所講的「本性自有般若之智」的意思。

《楞嚴經》中還有一句話，「見覺明圓」，知見、覺知、光明、圓滿，還是同一個意思，只有知見覺知光明無限的時候，智慧才會圓滿。何謂光明無限？光照宇宙、光照萬有的時候，看見了就有大智慧，不需要學，這些經句都是同一個意思。心光怎麼能夠發出來？就得學《金剛經》、修《金剛經》、誦《金剛經》、持《金剛經》，即可得到心開悟解。現在更理解心開悟解的意思了，心不開就達不到悟境，達不到悟境智慧就不能顯現。然而，心為何沒開？就是被我們個人的小，被小情、小義遮蔽、封閉了，打不開，沒有格局，所以智慧出不來，就變成了世間的小智。

《楞嚴經》其實還有一句話，「心身發光，洞徹無

礙」。此即告訴我們如何發出光，而心光所到之處，黑暗全無，黑暗即代表愚昧，代表迷惑，所有的痛苦與煎熬都在黑暗之中，愚昧、困惑和煎熬源自於分別，分別產生分裂，進而撕裂，就開始痛苦。在痛苦中、在黑暗中不斷的撕扯，看不清方向，無法形成一個整體。

如此我們應該怎麼修？我們本性自有的般若之智，到底如何才能現前？其實講的都是這個意思，即要先有佛知見，再有佛知覺，覺知的範圍無限擴大，心所覺知的範圍擴到多麼廣大，心的光就照向多大的宇宙。所謂智慧，就看見了，就知道了，所以智慧不用練。

如何做到心無限廣大，達到摩訶的境界，六祖隨後即講，「自用智慧常觀照故，不假文字」，就是在教我們方法，自己用智慧常觀照故，專門提到了「智慧觀照」。我們的智慧從何處得來，即從佛經中得，而何為佛經？就是佛祖，覺醒了的過來人，指導我們怎樣能夠具備佛知見，如何才能打開佛覺知，怎麼能夠讓我們達到心開悟解的狀態，都有哪些方法。

首先就是用觀照法。觀照法是佛法與外道最本質的區別。外道修的是止、外道修的是定，而佛法不修定，佛法修的就是觀照，由觀照而得定，得的是九次第之大定，是

無漏定。外道是修定，修止而得定，最後就能得到四禪八定，那是有漏定。觀照是方法，是打開我們的心，從小有、小恩、小恨、小怨、小愛，把我們的心打開，是有具體方法的，即為觀照法。

同時告誡我們「不假文字」，即是不要被經典上的文字所局限、所束縛，經典上的文字只是為我們指明了要走的路。比如，我們要看見月亮，而月亮在哪裏？明師伸出手指，指著月亮告訴我們，月亮就在那裏，順著師父的手指看過去就能看到。結果我們卻看見了師父的手指，但手指並不是月亮。經典、文字即是手指，而我們要看的是月亮，不是手指。如果癡迷於經典，被經典的文字所束縛，執著於經典的文字，就好像看見手指而看不見月亮。

一定要清楚，經典的意義在於，按照經典指明的方向，延伸出去看，才能夠看見想要看到的月亮。再能背誦經典又有何用？天天研究經典天天研究師父的手指有什麼意義？師父所用的經典，裏面全是比喻，透過這些比喻就能夠知道他所指的方向，順著那個方向看才能看到月亮。不能超越，天天掰著手指去研究，研究得再多也沒有用，此即謂不假文字。

然而，不從經典上去研究，到底從何研究？比如，經

典上告訴我們自用智慧常觀照故，此處所講的觀照就是經典所教的方法，具體是什麼意思呢？即只有透過觀照，才能看到月亮，只是天天研究經典，天天把經文背得很熟，開口即能背誦，是沒有意義的。因為並不知道經典講的觀照是什麼，到底如何行觀照法也不清楚，那就永遠都見不到佛，永遠開不了佛知見，永遠都體會不到何為佛知覺，所以智慧也永遠都打不開。

觀照法在此是用文字描述，所有文字的描述，都是為了使我們更明白現在應該怎麼修、如何觀照，然後才能開佛知見，有佛覺知，進而得佛智慧。所以這句話的意思，就是在告訴我們正確的方法，同時告訴我們不要局限於文字，我們就得清楚到底何謂觀照，經中講到自用智慧常觀照故，那麼觀照與聽和看究竟有何區別？我們看見外面的色即是境，與觀照外面的色、境，有什麼區別呢？

真正的觀照，是用智慧照見、用智慧來觀察，我所見到的任何事物，一是事一是理，我們不僅看到事物，同時還有理，即事理諸法，從而達到一種照見明瞭的狀態，這才真正是觀照。並不是看見什麼就信什麼，並非眼見則為實。我們要知道的是，看到的都是表象，萬事六境所顯化的都是虛影，不是本質的呈現。眼見為實，我相信我的眼

睛，認為我的眼睛看到的就是真的，這是虛妄以及煩惱產生的根源。

我的五根接觸六境即六塵，對應產生五識，我以此為真，然後做出各種判斷，就有了各種感受，即所謂受想行識。我相信我眼見的，即我的眼根，接收到外界六塵的訊息，我相信就產生了真實的感受，此謂受；在真實感受的基礎上，我又有了想；有了想之後就有我的思維的行動，謂之行；然後我做出判斷，即謂識。受想行識都是我內心真實的感受、真實的思想活動、真實的思維行動、真實的判斷，其實如果把五根所接收到的外界訊息當成真，之後的受想行識也就全是真的，如此就迷在五境當中，迷在六塵當中。如此就不是照見，而是看見，既非觀亦非照。

五根，眼、耳、鼻、舌、身攝取六塵外境，當我知道一切外境皆是幻象，是假，但是假中其實還有真，所有的幻象也都是本性發出來的，呈現的都是一種狀態，是在告訴我們這種狀態，幻象本身不是真的，但是又代表真如實性。說其為假，假中有真；說其為真，並不真，本身是幻是假。我知道我的五根攝取的六塵境界，其中有真有假，我能看到表現出來的真是什麼，我不會被表象的假所迷惑。當我能清清楚楚的看到這一點的時候，我的受想行識及內

心的變化，我就能夠照見。

所以我內心的變化其實也不是真的，是建立在五根攝取六塵的訊息基礎上產生的受想行識，我知道了這些，就不會以此為真，從而受外界的影響。而這個過程就稱為觀照法，用智慧觀照世間、觀照內心，就會產生真實，心就不會隨外境而動。用智慧觀照，我能看透事理諸法，即事項背後代表的真實含義。當我知道這些，我的心就不為所動，就沒有煩惱，就自在了。

比如別人對我有嗔恨，因為我寫了一本書，有的人說好，但就有一些人嗤之以鼻，甚至謾罵，其實根本沒看書中寫的是什麼。這就是外界呈現出來所謂的境，其人的表情我看見了，憤怒的語言我聽到了，這就是我的五根接收、攝取了外境之六塵。當我收到這個資訊以後，馬上會引起我的內心活動，即受想行識，我的感受就是氣憤。憑什麼要罵我！感受出來後就會有思想活動，然後就是帶著思維的行動，我就要跟他對抗，給他發律師函狀告他，或者在網上回罵，跟他對立起來。所謂識，即透過受想行，最後有判斷就要這麼做，要找律師起訴，於是我就給他發出了律師函，他為什麼詆毀我的書、詆毀我！後面煩惱就來了，我的心就跟著外境所動，煩惱就跟著來了，這就不是用智

慧觀照。

　　這就是我們的五根攝取六塵之後，受想行識就跟著直接迷進去，被對方憤怒的表情和憤怒的語言迷進去，認為已經對自己形成攻擊、傷害，所以被迷進去了，於是煩惱就開始出來，在現實中就不斷的爭吵、不斷的打官司，口舌是非就出來了。這就都不是用智慧觀照。

　　何謂用智慧觀照？當我看見外境以後，心中生起感受，為什麼要生起這種感受？因為他罵我、他攻擊我、他侮辱我、他傷害我，如果馬上用智慧去觀照，我就能看透，這個人為什麼無緣無故僅是看到我出版的一本書，看到書賣得很火，就來罵我。當我用智慧觀照，知道了為什麼會這樣，原來是出於嫉妒，見不得別人比他好、比他強。為什麼他見不得別人比他好呢？別人比他強又能如何呢？其實這種人是因為內心安全感缺失，沒有足夠的自信，當別人比他強、比他好的時候，他就會認為別人把他的資源，把應該關注他的關注點都搶走了，他內心中生起恐懼，覺得自己被傷害了，所以才會有這種憤怒，才會有這種謾罵。

　　如果我們再往更深處去瞭解所謂的真相，用智慧去觀照，我們就能更深入的知道，其實這種人是對自己無能的一種恨，這種嫉妒源自於深深的自卑，他不允許自己不優

秀。而我們真正學習佛法之後，如果是真的智慧心起，我們就知道他罵的不是我，其實他恨的、他罵的永遠都是他自己。每一個人看到的所謂外面的人其實都不是別人，而是自己，痛恨的是自己，崇拜的也是自己，都是自己。

知道這些以後，在事上即是在相上我看到了，在理上我就能用智慧去觀照，用智慧觀照這個理的時候，我就看到本質，就不會被事相所牽引。別人罵就罵去吧，他罵的又不是我，是罵他自己；他恨就恨去吧，他恨的也是他自己，也不是恨我。然而，這並不是阿 Q 精神，而是用智慧來觀照諸相，看到其理，即所謂「事理諸法，洞徹了然」。這時候我的心才不動，因為我的感受不一樣了。當理洞徹了然以後，我看到這個事相，他天天不斷的在罵我，我的心、我的感受就不一樣了，我不覺得是受傷害。當我不覺得自己受傷害的時候，我的思、我的行、我的識、我的判斷，就不受影響了。

他罵他的，我不為所動，我的心是真的不動，我也不會去找律師狀告他，也不會跟他對抗。其實這種狀態的人，一旦跟他對抗起來，他一下激起那股勁，天天跟你對抗下去，可能堅持很多年，最後兩敗俱傷，誰也得不到好處。

用智慧觀照，我就沒有煩惱，我的煩惱就斷了，在此

即斷。到底是在哪裏斷了？即是智慧觀照，理上明了，理上通了，事相上就隔絕了，我的感受就變了。但並不是與世隔絕了，就不認、逃避，而是受想行識全變了，煩惱事實上就真斷了，此即為用智慧去觀照。越是這樣觀照，事理諸法就越通達，心就越光明，看問題就越高遠、越深透、越整體。所以，觀照法是我們修習佛法最重要的方法。

修習佛法最忌諱的就是，只能看到自己，看不到別人，或者稱為只看到別人，看不見自己。真正的佛法智慧就是告訴我們，看別人就是在看自己。人我無相，所謂無我相、無人相、無眾生相、無壽者相，即是在講，哪有我，哪有別人，哪有眾生，哪有佛！你所看到的都是你自己，不是別人。

那麼，煩惱是怎麼來的？就是因為觀照不夠。觀照不夠，只看到事相的表象，照不到背後的理，你就沒有智慧；觀照不夠，你就無法明白真理，無法知道真相，就產生煩惱。如果事和理都通達了，就不可能產生煩惱了，這就是觀照。

然而，所謂觀照與反省又不一樣，觀照超越於反省。儒家講究反省，所謂每日三省吾身。但反省並不是觀照，這是不同的兩個概念。

觀照是佛法中最重要的修行方法，一切佛菩薩都是從觀照中修來的，這是佛家大法，有密傳、密術在其中，不僅僅是理。觀照法學好了，能開大智慧，能得大智慧，看一切事理，都能夠洞徹明瞭。

　　所以《心經》開篇即說：「觀自在菩薩，行深般若波羅蜜多時，照見五蘊皆空，度一切苦厄。」直接告訴我們，修佛法具體就是在修觀照法，由觀照而打開心光，由觀照而立佛知見，得佛覺知，智慧之光自然大放光明。這就是《六祖壇經》在此所講的，「自用智慧常觀照故，不假文字」，由此而得「本性自有般若之智」，然後自然「心開悟解」。

　　觀照的具體方法，佛經上其實提到過很多次，也多次教授我們具體用的方法，最著名的就是《觀無量壽經》。這是關於阿彌陀佛和極樂世界的一部經，其中講說除了念佛能樂生極樂世界之外，還介紹何謂「十六觀」，即觀日、觀月、觀水、觀地、觀寶樹等等十六種觀想、觀照，所以《觀無量壽經》也稱為《十六觀經》。即是講我眼見的山河大地、日月星辰、動物植物等等，都在內心裏有安放的地位，其實內心中也有山河大地、日月星辰，而我的心與外境，其根本就是本體與現象的關係。外境就是現象，外境是我

的內心本體投射出去的。當我看見外境的時候，就能知道本體如何與之對應，這就是觀照。

我內心當中的山河大地、日月星辰，一定和與我相關的外境是協調一致的，是一一對應的。當我知道這種對應關係時，就可以把我內心中的山河大地、日月星辰修好，即謂觀照，由觀而起照，內心中修好了，外境自然就會變化，因為都是一一對應的。觀照法是有具體修行方法的，誰掌握佛法中的觀照法，誰就能做到掌控自己的命運。

觀照亦即是觀心，觀即看，也就是看自己的心。如何觀心是有方法的，是師父密傳之法。外境，我所眼見的山河大地、日月星辰、人事物，與我內心的山河大地、日月星辰、人事物，到底有什麼關係？怎麼對應？如何相互調整？佛法的起修處，真正修就是從這兒開始起修的。沒有觀照，不可能有戒定慧，不可能有大智慧，不可能克制三毒。轉三毒為戒定慧，也是有方法的，不僅僅是理上通，事上也得行、得修。

為什麼我們講佛法一定是修出來的，而智慧不是修出來的？佛法是要起修，才能找到智慧，而自性本來般若之智，本就有，就在那裏，但是也得修，最後才能真正看見自性，照見般若。心開悟解、智慧觀照之中有非常多、非

常深的意思，我們照此多誦《金剛經》，受持信奉《金剛經》，就能觸碰到佛法的一點皮毛，但同時必須得有明師傳授真正的方法，即觀照的方法，才能一點一點的打開心障，打開心結，把封閉的心從幽深、黑暗處拿出來，才能大放光明，才會智慧現前，才能達到所謂的悟境。

第二節

雨水不從天有元是龍能興致
明心見性萬物有靈天人合一

六祖繼續講到,【譬如雨水不從天有,元是龍能興致,令一切眾生、一切草木、有情無情,悉皆蒙潤。百川眾流,卻入大海合為一體。眾生本性般若之智,亦復如是。】這裏舉了一個例子做比喻,這個比喻所講的意思是,眾生本性亦即是自性,都是相通的、相同的,但又不是一個,既有個性、有別性,同時又有共性。這裏所講的本性般若之智,其實就是在講共性。

這句話的意思就是,好像雨水不是天上自然就有的,而是由龍來興起方致的。我們掌握了一定的自然常識、科學常識,就能知道雨是怎麼來的,是江河湖海上生成了水蒸氣,升到空中聚集形成雲,由於氣壓的不同,產生了風,帶動雲飄到各地,由於雲就是由水蒸氣構成的,在一定的條件下就會形成雨,因此雨就是這樣來的。水蒸氣升騰,由風吹到各地,進而下雨,這樣形成一個迴圈。下雨之後雨水進入江河湖泊,再往海裏匯流,繼而在海上又生成水蒸氣,也可能是江河湖泊裏直接生成水蒸氣,如此上下迴

圈。但是，我們這是從客觀上，從自然科學的角度，描述雨是這樣形成的，其實我們看到的僅僅是事物的表面，表面上就是按照這樣一個自然條件、客觀狀態形成了雨。

如果往更深處看，再往更細微處看，我們就會發現，其實在事物的表面以下，還有其運作，微細的運作，並不是那麼簡單。為什麼水蒸氣升騰生成雲，雲又飄到了哪裏？在哪裏形成雨水降落？其實背後都是有助力的，是有一股力量，甚至可以稱之為有其靈性所在。雲帶著雨，風和雨好像都是有靈性的，並不是偶然在哪裏下雨。有的地方風調雨順，即是這個地方是按時下雨，該下雨的時候就下雨，該起風時候就起風，該冷的時候冷，該熱的時候熱。然而，有的地方則是幾年大旱，甚至有幾十年的大旱，雨就是不來，雲總是不往這個地方來。還有的地方則是雨水過多。

我們中華自古以來就發現，大雨大旱的季節並不是偶然的，我們在漢朝時期，根據我們祖先對自然界的看法，就已經發現是否風調雨順，其實與人心有關。一方水土一方人，窮山惡水的地方，風不調雨不順的地方，往往都是人心不古、人倫敗壞、道德淪喪，往往都是這樣的。與此對應，漢的時候董仲舒創出了一套《天人感應論》，這也是儒學體系的一個很重要的組成部分，天和人的對應與感

應。我們後來發現，越是往細微處觀察時，我們就能知道，凡是有雲和雨來的時候，在幽冥世界、亦即是靈界，基本上都有龍出現。在宏觀的現實世界，我們睜著眼睛是看不見龍的。真正開了天眼的人，能看到微觀世界的人，即是有神通者，是能感應到、能看到龍的，濃雲大雨到來的時候必有龍在裏面作用。

中華古人，尤其是有道行、有神通的修行人，來到一個常年乾旱的地方，就能把雨求來；來到一個暴發大洪水的地方、大澇的地方，就能把雨止住。但是，即使用現在的先進科技手段，根本做不到這一點。雖然現在有所謂高空人工降雨，但是在真正乾旱地區往往行不通。另外，人工能降雨，卻無法人工止雨。而我們的古人就能做到這一點，為什麼能做到？因為雲雨也是有其規律，雲雨背後也有其動力，都是有靈的。世界上所有最原始的宗教，都起源於薩滿，薩滿對世界、對宇宙的看法其本質都是一樣的，即萬物皆有靈，而薩滿就是能和萬物之靈溝通的人。既然薩滿能與萬物之靈溝通，他就能與雲之靈、雨之靈溝通。

而雲之靈、雨之靈的代表就是龍，東方有東方之龍，西方有西方之龍，是不一樣的，但本質都是相通的。當我們能與雲雨之靈相溝通時，我們就能做到掌控天下，既可

以止雨，又可以求雨。中華古代其實有一整套方法，而且非常靈驗。現在由於科學觀，我們都不信古代的方法了，甚至覺得這些方法一方面不可思議，再者就是所謂的迷信。而且現在的人們根本不相信，不用科學科技手段就能在乾旱三年的地方求到雨；不相信能在雨多大澇、洪水氾濫的時候，把雨止住，把洪水止住，這些都不相信。

其實這種人、這種事在古代比比皆是，有很多人都能做到這一點，尤其是在中國，我們中華的祖先尤其能夠做到這一點，甚至可以在不同的季節調整氣候。大冬天裏借來東南風，那是完全違背客觀規律的，但是我們的祖先也能做到這一點。其實從本質上講，就是與萬物之靈相溝通，就能夠改變物理世界的氣候條件、氣候狀態，使其為我所用，為人類所用。

當然，現在的科學根本就解釋不了這一點。現代科學無論基礎理論，還是實際應用方面，在某種程度上講，相比古人差得太遠。也可以這麼講，我們認為的，最原始最迷信的薩滿，其實就是宇宙中最超前的科技。我們現在的科學理解不了，就將其定義為迷信，因為不可思議，因為我們解釋不了其中的原理，所以我們將其定義為愚昧，僅是覺得他們太早了，是人類早期出現的所謂的原始宗教，

我們就認為是最原始的。然而，最原始的不代表就是最低級的。

我們現在受到所謂科學觀的影響，其實還是在受《進化論》的影響，認為宇宙都是漸進式的，從其生成到發展，一直到其終結，我們都覺得是漸進式的，符合《進化論》的理論。其實不然，宇宙並不是按照順序一步一步的向前積累式的發展，宇宙的任何變化都是突變式的，根本不是按照進化論的程序來進行的。其實從動物到人，從單細胞結構到複雜細胞結構，其間是沒有一個過渡、漸進的進化過程的。人就是人，猩猩就是猩猩，雖然兩者有接近 99% 的相似度，但是 1% 的差異就決定了人是人，猩猩是猩猩。

在此我們講，六祖惠能所創的禪，在宗教中，應該是最科學的，是最客觀的。六祖不講究那些所謂的神通，他的觀點和理論是很客觀的。在《六祖壇經》中，他著重用比喻為我們講，雨水不是從天上有的，而是龍帶來的。這是所謂的迷信嗎？其實不然。六祖惠能本身就是有大神通的人，也就是我們前面所講的，當你明心見性、心開悟解的時候，看這個世界就不是眼睛所見的世界，就不僅僅是表象，就能看到其運行的機制，能看到其微觀運行的動力。我們現實中所有的物質世界，任何人事物的運轉，其成住

敗空的背後都有動力，而微觀世界就是宏觀世界的根源，一切都是由微觀世界發起，亦即是在幽冥處發起，在宏觀世界投影。

　　幽冥世界即微觀世界的發起、動作、運行，都是以象的形式呈現的。我們中華古代的經典，無論佛經、道經還是儒學經典，其中在講述任何事物運行的本質、背後的淵源時，都會用比喻為我們描述，那是用什麼來比喻？其實都是用象來比喻。而且不僅僅是比喻，同時也是一種描述，用比喻的手法來描述微觀世界最本質、最根源的東西，只是我們現在的人差距甚遠，根本看不懂。所以當我們看到天上有雲、有雨的時候，因為我們看到了，就以為雨是從天上降、從雲裏來，就以為是雲攜帶著大量的水蒸氣飄到這個地方，於是開始下雨，如此我們看到的就是表面。

　　一旦當我明心見性、心開悟解，當我達到悟境的狀態時，我就能感知到微觀世界裏發生了什麼，我就能感知到雲雨中其實是有龍在作用的。而這個龍究竟是什麼？是不是天上的一個神靈之物？是不是個怪獸？是不是個神通廣大之物？不是的。其實可以這樣來講說，龍是我們中華集體潛意識的呈現，還是離不開人。地球上，如果沒有人就沒有這些花草樹木，也沒有這些動物植物、山河大地、日

月星辰，也沒有日昇月降的迴圈，以及風雨雷電，所有的這一切都是因人而生，因為有了人才有這些。

有人反駁說：「老師，不對。地球上的生物出現，到現在已經幾十億年了，那地球上還沒有人的時候，在恐龍那個時候，難道就沒有風雨雷電嗎？」

在此我為大家講解的是，在恐龍時期，地球上的面貌一定不是現在的面貌。我們現在的風雨雷電、花草樹木、日月星辰、山河大地，就是因人而生的。各種不同的物種帶來的環境是不一樣的，這裏面有更深的一層說法、含義。我講的意思是，一切的宇宙運行，必有其靈在背後作用，而這個靈就是我們集體潛意識的投射或者聚合，是由我們的集體潛意識聚合而成了這樣的一個靈，說其有即有，說其無即無，其實都是因緣聚合而成的。

既然稱其為靈，當然就有靈性。所以，一方水土一方人，當人心向惡的時候，衝突、暴力、暴虐不斷的時候，都是為了個人的利益相互殘殺，如果這一方水土、這個區域有這樣一批人，他們的集體潛意識就會化生成妖魔、鬼怪，就會左右天氣，就會有颱風，就會有暴雨，就會有地質災害，這都是所謂的天人合一，是人心所致。當一個地方人心祥和，一切向善時，這個地方就容易出現善神、護

法、善龍，就會保佑這一方水土風調雨順。

天氣、自然環境是與人相關的，所以才會有那麼一句話，「窮山惡水出刁民」。其實不是因為這個地方的山水不好、生活困頓，所以老百姓才會不擇手段、不講道德，才出現了刁民。而是因為這一方人沒有聖人教化，不守倫理道德，人心變壞，人心中生出的衝突、暴力、殺戮、淫盜、大妄語，才形成了惡靈的出現，時間長了，山會隨著轉，水會隨著變。山就從綠綠蔥蔥的、茂密的森林，一點一點的變成了突兀的怪石；水也會從靜靜流淌的江河，逐漸變成了湍急的惡水、黑水，山水的顏色都會變。

而一個得道的人、修行的人，來到一個區域、一個地方，一看當地的山河大地，就能看出這個地方的人心向背、人心善惡，就能知道這一方水土的人大概是什麼樣子。這就是集體潛意識，形成了惡靈，惡靈會影響天氣，會打破風調雨順的環境秩序，這就是所謂惡有惡報，是先有惡人，後才有窮山惡水，是這樣的過程、這樣的順序，不能搞反了。

因此，要想改變一個地區的生態，最根本的改變並不是把工廠都關掉，不排放化學的煙、化學的氣，也不是讓大家把汽車都停在家裏，外面就沒有霧霾。看一看新冠病

毒疫情期間，工廠都停工了，商場上也都停業了，飯店都關了，汽車全停在家裏，根本就不上路了，但是霧霾反而更加嚴重了。這霧霾真的是由汽車廢氣形成的嗎？真的是由工廠的排放而來的嗎？表面上看是這樣的。但是如果真正的修行人、開天眼的人，即是明心見性者，看霧霾的時候，看到的就不是所謂汽車廢氣、工廠排放廢氣，而是會看到霧霾當中的惡魔或者妖。

所以，霧霾在中華古代的人眼中就是所謂的妖氣，而現在整個中華大地妖氣彌漫。妖氣源自於人心，人心變壞了，集體潛意識聚集而成的，就是害人的妖，導致我們的空氣、水、土壤、糧食都被污染了。到底是什麼污染了我們生活最基本的資源？是我們的人心，人心變壞，人心變毒了，自然環境生態就受到了污染。

透過這個比喻，六祖惠能其實是在告訴我們，人和自然如何對應，怎樣才能相應，即天人合一。我們古代的先祖最重視天人合一，任何事都要符合天之道。天道即道統，人要根據道統制定綱常，然後再樹立我們倫理道德的標準規範，進而規範好人的禮儀規則，這些都要符合天之道。如此將人心懾服住了，人心向善，善要從禮的形式上表現。我們中華古人就有一整套的道統綱常、倫理道德標準，以

及禮規的制度，一整套規則秩序大家都在遵守，這樣就能保證人心向善、不偏不倚，我們的自然環境就會風調雨順，百害不生。

因此，要想治理生態環境，從哪裏開始治起？即是從教化人心開始，把人心導上正向、正途，從此開始，這才是根。人心向善，邪靈、惡龍、妖魔自然消散。如果有一位大德聖者，到一個區域長期居住，那是這個區域眾生的福德感召，這個區域的眾生有福報，包括他們的子孫都有福報。大德走到任何地方都會教化眾生，把人心導向善道，導向菩提道。人心一變，當地的生態環境、自然環境、客觀環境都會變。

所以，中華古人最重視尊師重道。對待有道高僧、大德聖人，所有地方的人都會爭搶，如果某位聖人、有德者到自己所在的地方居住，那將是無比大的福佑。然而，現在不講究這些，也不懂這些，大家都在想如何賺錢，都在想如何享受。現在整個地球都在這種物欲橫流的狀態下，在人心不古、人心變壞的狀態下，各種災難不斷，甚至有可能會將人類帶向滅亡。

不是大自然在滅絕人類，而是我們人類自己滅絕自己。當我們的人心不斷的墮落，不斷的被物欲所勾牽，整

個地球生態即將不適合人類居住。現在的西方科技，發展不到兩百年的時間，大部分的植物、動物都已經滅絕，或者正在開始滅絕。人類各民族、各國家之間，為了爭奪有限的資源，大打出手、爾虞我詐，不惜一切手段相互鬥爭、相互殘殺、相互掠奪，這就是人心不古、人心變壞的典型狀態。

　　再看一下我們的自然環境，人心越壞的地方，自然災害就越多。修行有道行的人、有神通的人、明心見性的人，走到哪個區域，都能夠感應到當地的神靈，萬物皆有靈，就能夠知道當地人的人心如何，而他是否與這個區域的人有緣。中華古人一直都有所謂道士下山，斬妖除魔。而妖在哪裏，魔又在哪裏？妖魔皆是人心所生，道士下山是要先除妖魔之外形，後要教化當地之人心，只有這樣才真正能夠斬妖除魔。否則，只是把妖魔的神靈滅掉，但道士離開這一方水土之後，人心不變，還是那麼壞，用不了多長時間，集體潛意識又會聚集出新的妖魔，是斬不盡、除不滅的。就是這個理，教化人心才是第一位。真正能夠把人心教化向善，人心和諧、祥和、圓融了，妖魔自然就消失。這才是治國之根本，是治理人心的真正含義。

　　六祖惠能打比方說龍能興起雨水，而為什麼要興起

雨水呢？即是「令一切眾生、一切草木、有情無情悉皆蒙潤」，龍興起雨水，潤澤大地，潤澤萬物，「百川眾流，卻入大海合為一體」，所有的雨水潤澤了大地、潤澤了萬物之後，一定都歸於大海。各地所下的雨性質是不一樣的，有大有小，酸鹼度不同，純淨度也不一樣，各有特色，但都是龍興起的雨。不同的區域，呈現出來的雨的狀態也不一樣，這即是個性。然而，所有的雨，不管什麼性質和狀態的雨，一入大海之後，就都是一體的，是無二的，這就是本性。

「眾生本性般若之智，亦復如是。」每一個人都有每一個人的個性、別性，但同時每一個人的本性其實都是一樣的。本性就像大海，而個性就像陸地上的山河、湖泊、雨水，每一滴水都與眾不同，都是獨一無二的，同時又包含著本性的般若之智，每一滴水都有，每一個眾生都有。

本冊講解至此，下冊繼續與大家交流般若之智，開悟頓教。有緣待續……

明公啟示錄：
解密禪宗心法──《六祖壇經》般若品之五

作　　　者／范明公
出版贊助／李婕・孫欣
主　　編／張閔
美 術 編 輯／申朗創意
責 任 編 輯／林孝蓁
企畫選書人／賈俊國

總 編 輯／賈俊國
副總編輯／蘇士尹
編　　輯／高懿萩
行 銷 企 畫／張莉滎・蕭羽猜・黃欣

發 行 人／何飛鵬
法 律 顧 問／元禾法律事務所王子文律師
出　　版／布克文化出版事業部
　　　　　台北市中山區民生東路二段 141 號 8 樓
　　　　　電話：(02)2500-7008　傳真：(02)2502-7676
　　　　　Email：sbooker.service@cite.com.tw
發　　　行／英屬蓋曼群島商家庭傳媒股份有限公司城邦分公司
　　　　　台北市中山區民生東路二段 141 號 2 樓
　　　　　書虫客服服務專線：(02)2500-7718；2500-7719
　　　　　24 小時傳真專線：(02)2500-1990；2500-1991
　　　　　劃撥帳號：19863813；戶名：書虫股份有限公司
　　　　　讀者服務信箱：service@readingclub.com.tw
香港發行所／城邦（香港）出版集團有限公司
　　　　　香港灣仔駱克道 193 號東超商業中心 1 樓
　　　　　電話：+852-2508-6231　　傳真：+852-2578-9337
　　　　　Email：hkcite@biznetvigator.com
馬新發行所／城邦（馬新）出版集團 Cité (M) Sdn. Bhd.
　　　　　41, Jalan Radin Anum, Bandar Baru Sri Petaling,
　　　　　57000 Kuala Lumpur, Malaysia
　　　　　電話：+603- 9057-8822　　傳真：+603- 9057-6622
　　　　　Email：cite@cite.com.my
印　　刷／韋懋實業有限公司
初　　版／2021 年 05 月
定　　價／300 元
ＩＳＢＮ／978-986-5568-82-5
ＥＩＳＢＮ／978-986-5568-81-8（EPUB）

城邦讀書花園　　布克文化
www.cite.com.tw　WWW.SBOOKER.COM.TW